Frank Brüggestrat
Gabriele Kailing

Strategische Betriebsratsarbeit

Praxisbeispiele, Checklisten und Trainings

aktiv im Betriebsrat

Frank Brüggestrat/Gabriele Kailing

Strategische Betriebsratsarbeit

Praxisbeispiele, Checklisten und Trainings

BUND
VERLAG

Bibliografische Information der Deutschen Nationalbibliothek
Die Deutsche Nationalbibliothek verzeichnet diese Publikation in der Deutschen Nationalbibliografie; detaillierte bibliografische Daten sind im Internet über *http://dnb.d-nb.de* abrufbar.

Umschlag: Bernd Adam, Weinheim
Satz: Dörlemann Satz, Lemförde
Druck: Druckerei C.H. Beck, Bergerstraße 3, 86720 Nördlingen

ISBN 978-3-7663-7632-9

kontakt@bund-verlag.de
www.bund-verlag.de

Vorwort

Wir leben in einer Zeit vieler, grundlegender Veränderungen und Strukturbrüche in der Wirtschaft und darüber hinaus. Die Themen auf der Tagesordnung sind Klimawandel, Energie- und Verkehrswende, Künstliche Intelligenz, wachsende Diversität der Belegschaften und geopolitische Spannungen. Der Wandel ist spürbar geworden, nicht fernab und irgendwo, sondern in vielen Unternehmen und Betrieben ganz direkt und konkret. Gleichzeitig machen zeitlich begrenzte Ereignisse wie Wirtschaftskrisen oder Kriege kurzfristige Lösungsfindungen erforderlich. Dies erzeugt einen mächtigen, allgegenwärtigen Druck auf Betriebsräte und das Management von Unternehmen.

Als Betriebsrätin oder Betriebsrat werdet ihr in dieser Welt schnell zum Feuerlöscher. Das Tagesgeschäft besteht nur noch aus schneller Problemlösung. Wichtige, große Themen bleiben auf der Strecke. Dieses Praxis-Buch hilft euch und eurem Betriebsratsgremium, vom Getriebenen zum Gestaltenden zu werden. Mithilfe des Buches könnt ihr eine gemeinsame Vision und Strategie entwickeln. Es bietet euch auch ganz konkret Hilfe bei der Umsetzung der Strategie in konkrete Maßnahmen.

Auf diese Weise hilft das Buch euch dabei auf Augenhöhe mit dem Management zu arbeiten und die Zukunft eures Unternehmens aktiv mitzugestalten. Konkret bedeutet dies zwei Dinge: Erstens, euer Gremium kann aktiv an der Unternehmensstrategie mitarbeiten. Egal, ob es um die Strategie für einen einzelnen Standort oder um die Strategie für einen Konzern geht. Zweitens, euer Gremium entwickelt eine eigene Strategie, in der die langfristigen Ziele eurer Arbeit festgelegt sind. Nur so lassen sich konkrete Maßnahmen zielgerichtet erarbeiten und umsetzen. Gleichzeitig hilft die langfristige Perspektive, bei kurzfristigen Veränderungen die großen Ziele nicht aus den Augen zu verlieren.

AiB und aib-web.de
HÖCHST-RICHTERLICH BESTÄTIGT!
Betriebsräte haben einen Rechtsanspruch auf die AiB.
AiB
Arbeitsrecht im Betrieb
Arbeitsrecht im Betrieb. Fachwissen für Betriebsräte.
16
Arbeitsschutz ist Pflicht
Stark am Start

Inhaltsverzeichnis

Abbildungsverzeichnis

Abkürzungsverzeichnis

ausschl.	ausschließlich
BR	Betriebsrat
bspw.	Beispielsweise
BV	Betriebsvereinbarung
d. h.	das heißt
etc.	et cetera (und so weiter)
ggf.	gegebenenfalls
insb.	insbesondere
KI	Künstliche Intelligenz
sog.	sogenannte
u. a.	unter anderem
usf.	und so fort
usw.	und so weiter
u. U.	unter Umständen
z. B.	zum Beispiel

A. Kompass zur Navigation durch das Buch

Dieses Buch ist ein Praxis- und Arbeitsbuch. Es funktioniert so ähnlich wie ein moderierter Workshop und enthält zahlreiche Arbeitsblätter und -hilfen. Wenn ihr es mit eurem Betriebsratsgremium durcharbeitet, habt ihr die Strategie eures Unternehmens verstanden, eine Vision und Werte für eure Arbeit festgelegt sowie eine eigene, umsetzbare Betriebsratsstrategie entwickelt.

Damit ihr eine eigene Strategie für eure Arbeit als Betriebsräte erarbeiten könnt, müsst ihr zunächst die Strategie eures Unternehmens verstanden haben. Gemeinsam mit eurer Vision und den Werten, die ihr vertretet, bildet die Unternehmensstrategie einen Aufsatzpunkt für eure Strategie und die Ziele eurer Arbeit.

Aus diesem Grund ist das Buch in drei Hauptbausteine aufgeteilt:

- Unternehmensstrategie verstehen
- Betriebsratsstrategie erarbeiten
- Umsetzung der Betriebsratsstrategie

Wenn ihr und euer Betriebsratsgremium gleich mit der Arbeit beginnen wollt, könnt ihr direkt mit Teil B starten. Ihr bekommt dort eine konkrete Anleitung und einen Fahrplan, um die Strategie eures Unternehmens zu verstehen und eure Betriebsratsstrategie zu erarbeiten.

Habt ihr bereits eine Betriebsratsstrategie entwickelt, und wollt sie erfolgreich umsetzen, hilft euch Teil C bei der Umsetzung eurer Strategie.

Wir wünschen Spaß bei der Arbeit und viel Erfolg!

B. Entwicklung einer Betriebsratsstrategie

Es geht los! In diesem Kapitel entwickeln wir eine eigene Betriebsratsstrategie.
Wir legen als erstes unsere eigene Vision und unsere Werte fest. Also, was ist uns wichtig und welche Regeln geben wir uns?
Im nächsten Schritt beschäftigen wir uns mit gängigen Analysen, lernen sie zu verstehen. Auf dieser Grundlage können wir dann entscheiden, welche Analysen sich für welche Themen am besten anbieten.
Danach legen wir unsere Ziele fest. Unsere Strategie beschreibt abschließend die Wege, auf denen wir die Ziele erreichen.

I. Vision und Werte: Wozu werden sie benötigt?

Auf dem Weg zu einer Strategie für das Betriebsratsgremium sind eine Vision und ein festgelegtes Wertesystem die ersten zwei Schritte. Was genau aber ist gemeint mit Vision und Wertesystem?

Zunächst einmal die Vision:
Die Vision ist das große, allem übergeordnete Ziel, das ihr als gesamter Betriebsrat für die nächsten Jahre verfolgen und erreichen wollt.
Stellt euch vor, ihr hättet vor dem Betriebsratsbüro eine Plakatwand, auf die ihr nur einen Satz schreiben dürft. Dieser eine Satz soll den Kolleginnen und Kollegen sagen, wofür euer Gremium in den nächsten Jahren steht und arbeitet. Gleichzeitig soll es euch auch als Gremium die Richtung weisen und beim Priorisieren helfen, wenn wieder einmal zu viele Themen gleichzeitig auf euch einprasseln. Zwanzig verschiedene Themen und Ziele aufzuschreiben wäre sicherlich einfach. Die Frage, wie die allem übergeordnete Vision aussieht, ist oft viel schwerer zu beantworten. Die nächsten Seiten sollen helfen, diese Vision zu erarbeiten.

Zunächst ein paar konkrete **Beispiele**, die helfen das Thema Vision besser zu verstehen.
Eine Industriegewerkschaft hatte auf »ihrem Plakat« lange nur zwei Worte stehen: »Gute Arbeit«.
Darunter gab es zahlreiche Unterziele, die zu »Guter Arbeit« gehören, wie beispielsweise:

- Sichere Arbeitsplätze
- Faire Bezahlung
- Hohe Qualifikation der Menschen
- Gesundheit der Mitarbeitenden
- Familienfreundliche Arbeitszeiten
- Keine Diskriminierung

Die Vision »Gute Arbeit« war also richtungsweisend für die Mitglieder und motivierte zu langfristigem Handeln.
Ein weiteres Beispiel aus dem Unternehmensumfeld ist die Vision eines Herstellers für Bohrmaschinen, Werkzeuge und Befestigungstechnik. Diese Firma hatte lange die Vision: »Wir verkaufen das perfekte Loch!« Den Mitarbeitenden sollte so klar werden, dass die Kunden nicht am Bohrgerät, sondern am perfekten Ergebnis der Arbeit interessiert sind. Die Produktpalette wurde dadurch deutlich erweitert. Es wurden nicht nur Bohrgeräte und Bohrer verkauft, sondern auch Dübel-Systeme, Befestigungstechnik und viele zusätzliche Produkte und Dienstleistungen, die den Kunden bei der Befestigung von Dingen an einer Wand helfen. Auch hier haben wir wieder eine richtungsweisende, übergeordnete Sichtweise. So wird die langfristige Ausrichtung vorgegeben und gleichzeitig der Blick auf neue Themen nicht blockiert.

Das Wertesystem:
Der zweite große und wichtige Block ist das Wertesystem des Betriebsratsgremiums. Unter Werten versteht man die Grundsätze, Prinzipien und Eigenschaften eines Betriebsratsgremiums und seiner Mitglieder, die von allen Gremienmitgliedern als erstrebenswert und wichtig für die Zusammenarbeit sowie den Erfolg des Gremiums gehalten werden. Werte sind die Basis, um Ziele und eine Strategie zu erarbeiten. Sie regeln die Zusammenarbeit im Gremium, mit der Belegschaft und mit dem Management.
An einem Beispiel aus der Betriebsratsarbeit in einem großen Unternehmen möchten wir verdeutlichen, wie wichtig ein Wertesystem für die Arbeit des Betriebsratsgremiums ist. In dem Unternehmen mit fast 1000 Mitarbeitern standen die Betriebsratswahlen an. Vor dieser Wahl hatte die Belegschaft häufig kritisiert, dass der Betriebsrat sich in seiner Arbeit

zu weit von ihren Wünschen und Sorgen entfernt habe. Nach Abschluss der Betriebsratswahl wurde deshalb vom neu gewählten Gremium in einem Workshop ein Wertesystem erarbeitet. Das Wertesystem sollte als Basis für die zukünftige Zusammenarbeit mit den Kolleginnen und Kollegen im Unternehmen dienen. Gleichzeitig sollte es auch das gemeinsame Arbeiten in den verschiedenen Gremien und Sitzungen des Betriebsrats erleichtern. Einer der festgelegten Werte war: »Wir begegnen allen Kolleginnen und Kollegen auf Augenhöhe!«

Auf dieser Basis wurde im ersten Jahr nach der Wahl sehr erfolgreich gearbeitet. Die Akzeptanz des Betriebsrats im Unternehmen war in dieser Zeit sehr hoch. Im zweiten Jahr musste Aufgrund von konjunkturellen Problemen in der Branche eine Vereinbarung zur Kurzarbeit getroffen werden. Für alle Mitarbeitende galt, dass vier Arbeitstage pro Monat wegen Kurzarbeit ausfallen. Die Bezahlung wurde entsprechend angepasst. Es wurde auch vereinbart, dass für einige wenige ausgesuchte Personen diese Regelung nicht gilt. Beispielsweise durfte der Vertrieb ohne Kürzung arbeiten, um neue Aufträge zu akquirieren und jederzeit für die Kunden ansprechbar zu sein. Diese Ausnahmen hatte die Geschäftsleitung mit dem Betriebsrat vereinbart. Dabei wurde auch festgelegt, dass Betriebsratsmitglieder von der Kurzarbeit ausgenommen sind, denn der Betriebsrat wollte immer für die Mitarbeitenden ansprechbar sein. Als diese gut gemeinte Ausnahme in der Belegschaft bekannt wurde, gab es erhebliche, offene Kritik am Betriebsrat. Der Inhalt war: Alle nehmen Einbußen hin, nur der Betriebsrat hält sich für etwas Besseres. Die von der Kurzarbeit betroffenen Mitarbeiter hielten diese Sonderregelung für ungerecht. Die Kritik führte zur Rückbesinnung des Betriebsrats auf den Wert »Wir begegnen allen Kolleginnen und Kollegen auf Augenhöhe«. Die Betriebsratsmitglieder nahmen somit an der Kurzarbeit teil und ihre Abwesenheit wurde so organisiert, dass trotzdem immer einige Betriebsratsmitglieder ansprechbar waren.

Wie dieses Beispiel zeigt, spielen Werte eine entscheidende Rolle als Basis für eine erfolgreiche Zusammenarbeit. Zunächst sind sie gut für euer Gremium. Sie geben den Betriebsratsmitgliedern Orientierung und Sicherheit. Ganz besonders in schwierigen Situationen sind sie Grundlage für Entscheidungen. So wird eine wirkungsvolle Zusammenarbeit und bei Bedarf auch eine Konfliktlösung sichergestellt.

Zudem helfen dir Werte bei Gesprächen mit Kolleginnen und Kollegen. Auch dabei geben sie Orientierung und Sicherheit. Sie regeln die Art, wie miteinander gesprochen wird. Werden in den Gesprächen Probleme erkannt, hilft dir und dem Gremium das Wertesystem bei der Lösung der Probleme.

Es gibt kein Wertesystem, das einheitlich für jedes Betriebsratsgremium passt. Die persönlichen Werte der Betriebsratsmitglieder, die Unternehmenskultur und auch die Vergangenheit des jeweiligen Unternehmens und seiner Mitbestimmung müssen berücksichtigt werden.
Jedes Betriebsratsgremium entwickelt sein eigenes Wertesystem, das sich aus der tatsächlichen Zusammensetzung der handelnden Menschen ergibt. Wir möchten an einem **Beispiel** verdeutlichen, wie ein **Wertesystem** aussehen könnte:

- **Teamgeist**: Wir unterstützen uns gegenseitig. Entscheidungen werden gemeinsam und auf Augenhöhe getroffen. Konflikte werden sachlich gelöst. Gemeinsam sind wir stärker.
- **Fairness**: Alle Betriebsratsmitglieder und alle Beschäftigten sollen fair und gerecht behandelt werden.
- **Transparenz**: Wir handeln nachvollziehbar und machen Entscheidungen für die Beschäftigten transparent.
- **Mut**: Wir sind offen für Veränderungen und gestalten die Zukunft aktiv zum Nutzen der Belegschaft.
- **Sicherheit**: Wir setzen uns für die Sicherheit der Arbeitsplätze und faire Bezahlung ein.

Zusammenfassung:
Eine **Vision** ist das übergeordnete Ziel, das ihr als Betriebsrat für die kommenden Jahre anstrebt und verfolgt. Sie hilft dabei, die Richtung vorzugeben und Prioritäten zu setzen. Sie sollte so klar und prägnant formuliert sein, dass sie den Betriebsratsmitgliedern als Leitfaden dient und der Belegschaft erläutert, wofür der Betriebsrat arbeitet und kämpft.
Das **Wertesystem** des Betriebsrats umfasst die grundlegenden Prinzipien und Werte, die für die Zusammenarbeit und den Erfolg des Gremiums wichtig sind. Es hilft, die Zusammenarbeit zu regeln und eine Orientierung für Entscheidungen zu bieten, besonders in schwierigen Situationen. Das Wertesystem legt auch fest wie der Umgang mit der Belegschaft, dem Management oder externen Partnern (z. B. der Gewerkschaft) gestaltet werden soll. Es hilft Ziele zu formulieren und zu erreichen.
Wie eine **Vision und ein Wertesystem** erarbeitet wird, zeigen wir dir in den nächsten beiden Kapiteln.

II. Vision erarbeiten: Was wollen wir erreichen?

Um eine Vision für das Betriebsratsgremium zu erarbeiten, bietet sich ein strukturiertes, moderiertes Gespräch oder ein Workshop an. In vielen Unternehmen gibt es ausgebildete Moderatoren, auf deren Unterstützung zurückgegriffen werden kann. Falls nicht, solltet ihr euch eine externe Moderation suchen. Bei der Suche nach einer geeigneten Unterstützung kann oft auch eure lokale Gewerkschaft helfen. In der Regel solltet ihr für die Erarbeitung der Vision und des Wertesystems zwei bis drei Tage einplanen. Eine Klausurtagung eignet sich deshalb besonders.

Nochmal zur Erinnerung: Ziel bei der Festlegung der Vision ist es, am Ende eine übergeordnete Überschrift zu haben. Diese Überschrift soll euch selbst und der Belegschaft sagen, wofür euer Gremium in den nächsten Jahren steht und arbeitet. Die Vision soll euch die Richtung weisen und helfen, die Schwerpunkte eurer Arbeit festzulegen.

Den Prozess könnt ihr mit zwei, nur auf den ersten Blick einfachen Fragen starten:

1. Warum braucht die Belegschaft euer Betriebsratsgremium?
2. Was bringt es den Kolleginnen und Kollegen, dass es euer Gremium und eure Betriebsratsarbeit gibt?

In einem Workshop haben wir auf diese Frage einmal die folgende Antwort erhalten: »Der Paragraf des Betriebsverfassungsgesetzes legitimiert unsere Existenz«. Stimmt, sollte aber nicht die Antwort sein. Macht euch stattdessen klar, welche positiven Effekte eure Arbeit für jedes einzelne Belegschaftsmitglied hat oder in Zukunft haben wird. Welche Vorteile könnt ihr für die Mitarbeitenden erreichen? Welchen Nutzen hat eure Arbeit für die Belegschaft und das Unternehmen?

Bei der Beantwortung dieser Fragen werdet ihr zahlreiche einzelne Antworten erhalten.

Im nächsten Schritt müsst ihr diese **Antworten gruppieren**, um **übergeordnete Themen** zu erhalten.

Im Folgenden einige Beispiele:

Beispiel 1:

- Faire Entlohnung
- Höhere Löhne und Gehälter
- Besseres Prämiensystem
- Zulagen für Springer

können unter der Überschrift »**Gerechte Bezahlung**« zusammengefasst werden.

Beispiel 2:
- Keine Verlagerung (Outsourcing) des internen Transports (Gabelstapler) an eine externe Firma
- Verbesserung des Ideenmanagements
- Gezielte Weiterbildung
- Festes, jährliches Budget für Investitionen in moderne Anlagen

können unter der Überschrift »**Sichere Arbeitsplätze**« zusammengefasst werden.

Beispiel 3:
- Moderne Absauganlagen
- Regelmäßige Vorsorgeuntersuchungen
- Festes Budget für Maßnahmen zur Arbeitssicherheit

können unter der Überschrift »**Gesundheit der Belegschaft**« zusammengefasst werden.

Im nächsten Schritt zur Vision muss aus den erarbeiteten Überschriften ein prägnanter **Satz** gebildet werden, der beschreibt, wofür ihr als Gremium steht, und in den nächsten Jahren arbeiten wollt.
Beispielsweise könnten die Überschriften aus den Beispielen 1–3
- Gerechte Bezahlung
- Sichere Arbeitsplätze
- Gesundheit der Belegschaft

zusammengefasst werden zur Vision:

»Wir kämpfen für gesunde, sichere Arbeitsplätze mit fairer Bezahlung!«

Diese Vision ist dann für die Zukunft euer Kompass. Sie soll helfen, euch zu motivieren, fokussiertes Arbeiten ermöglichen und bei der Festlegung von Schwerpunkten in eurer Arbeit unterstützen. Sie soll auch der Belegschaft vermitteln, wofür ihr steht, arbeitet und kämpft.
Die Details, die ihr zu Überschriften zusammengefasst habt, sollten nicht verloren gehen, sondern dokumentiert werden. Sie kommen bei der späteren Zielfestlegung nochmal zum Einsatz.
Auch wenn euch dieses Beispiel bereits passend erscheint, ist es wichtig, dass euer Gremium seine eigene Vision aus eigenen Schwerpunkten erarbeitet.

Abbildung 1: Ablauf der Festlegung einer Vision

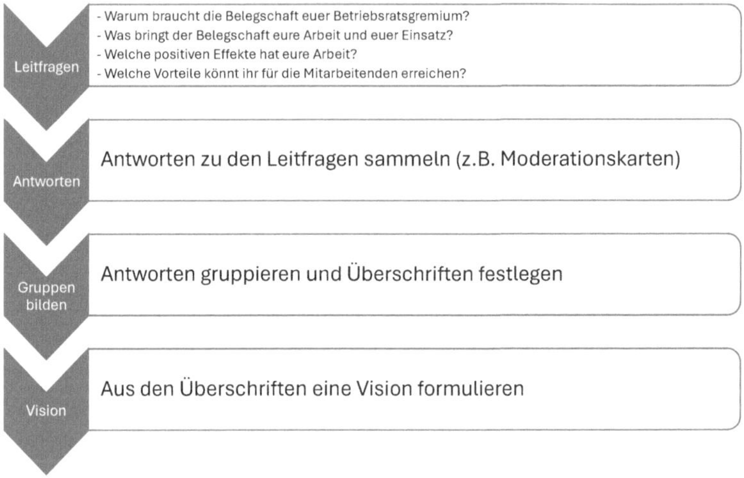

Im Folgenden findet ihr eine **Arbeitshilfe**, mit der ihr für euch eine Vision für eure Betriebsratsarbeit erarbeiten könnt. Diese Vorbereitung hilft euch in der Diskussion mit den anderen Mitgliedern des Betriebsrats. Sie unterstützt euch dabei, die Schwerpunkte eurer Arbeit festzulegen. Die Arbeitshilfe kann auch genutzt werden, um den Workshop mit dem Betriebsratsgremium vorzubereiten.

Arbeitshilfe zur Festlegung einer Vision für das BR-Gremium

1. Leitfragen:
Warum braucht die Belegschaft euer Betriebsratsgremium?
Was bringt der Belegschaft eure Arbeit und euer Einsatz?
Welche positiven Effekte hat eure Arbeit für die Mitarbeitenden und das Unternehmen?
Welche Vorteile könnt ihr für die Mitarbeitenden erreichen?

2. Antworten:
Tragt hier eure Antworten auf die oben gestellten Fragen ein. Versucht eure jeweilige Antwort in einem Satz oder Stichwort zu geben. Es kann mehrere Antworten pro Frage geben. Ihr könnt die gleiche Antwort für die verschiedenen Fragen geben (dann nur einmal aufschreiben).

3. Gruppierung der Antworten
Schaut euch jetzt die gegebenen Antworten an. Welche Antworten passen inhaltlich zusammen (siehe hierzu die drei Beispiele in diesem Kapitel)? Markiert

die Antworten, die inhaltlich zusammen passen mit der gleichen Farbe. Findet jeweils eine Überschrift für die Antworten, die inhaltlich zusammenpassen und tragt sie hier ein:

1. ____________________
2. ____________________
3. ____________________
4. ____________________

4. Vision formulieren

Seht euch jetzt die Überschriften an, die ihr unter Punkt 3 formuliert habt. Fasst die Überschriften in einem oder einigen wenigen Sätzen zusammen, um eure Vision zu formulieren. Je kürzer, umso besser.

Zur Erinnerung: Die Vision ist das übergeordnete Ziel, das ihr als Betriebsrat für die kommenden Jahre anstrebt und verfolgt, und hilft dabei, die Richtung vorzugeben und Prioritäten zu setzen. Sie sollte so klar und prägnant formuliert sein, dass sie den Betriebsratsmitgliedern als Leitfaden dient und der Belegschaft erläutert, wofür der Betriebsrat arbeitet und kämpft. Sie soll euch bei eurer täglichen Arbeit motivieren.

Eure Vision: ____________________

III. Werte festlegen: Wie wollen wir handeln?

Nachdem ihr eure Vision formuliert habt, ist der nächste Schritt die Festlegung der Werte bzw. des Wertesystems.

Nochmal zur Erinnerung: Unter Werten versteht man die Grundsätze, Prinzipien und Eigenschaften eines Betriebsratsgremiums und seiner Mitglieder, die von allen Gremienmitgliedern als erstrebenswert und für wichtig für die Zusammenarbeit sowie den Erfolg des Gremiums gehalten werden. Werte sind die Basis, um Ziele und eine Strategie zu erarbeiten. Sie regeln die Zusammenarbeit im Gremium, mit der Belegschaft und mit dem Management.

Es gibt nicht das eine Wertesystem. Eure Werte müssen zu eurem Gremium, eurem Unternehmen und zu den Menschen im Unternehmen und Betriebsratsgremium passen. In Betriebsratsgremien finden oft sehr unterschiedliche Menschen zueinander, die auch unterschiedliche persönliche Werte haben. Deshalb ist es wichtig, eine Diskussion über die unterschiedlichen Werte zu führen. Am Ende müssen Werte gefunden werden, die alle Mitglieder im Gremium mittragen können.

Es bietet sich an, dass ihr die Werte und das Wertesystem in einem strukturierten Workshop gemeinsam mit der Vision erarbeitet. Bei der Festlegung der Werte müsst ihr in verschiedene Richtungen blicken.

Zunächst einmal geht es um euch selbst und die **Zusammenarbeit** im Gremium. Welche Werte sind euch im Umgang miteinander wichtig? Hier solltet ihr Werte festlegen, die eure Zusammenarbeit im Gremium regeln. Hierzu können beispielsweise die folgenden Bereiche zählen:

- **Verhalten**: Welches Verhalten erwartet ihr von den anderen Betriebsratsmitgliedern gegenüber euch? Welches Verhalten wollt ihr nicht tolerieren?
- **Entscheidungen**: Wie wollt ihr Entscheidungen treffen?
- **Informationen**: Wie wollt ihr euch gegenseitig informieren?
- **Arbeitsverteilung**: Wie soll die Arbeit verteilt werden?

Weiterhin sollte mindestens ein Wert die **Ausrichtung** des Gremiums beschreiben. Hierzu könnt ihr euch beispielsweise die folgenden Fragen stellen:

Wollt ihr eher gestalten und pro-aktiv Themen aufgreifen, um sie nach vorne zu bringen? Oder passt es besser zum Gremium und zum Unternehmen, wenn ihr immer ein Ohr an der Belegschaft habt und die Probleme löst, die an euch herangetragen werden?

Wie wollt ihr mit der Unternehmensleitung zusammenarbeiten? Ist das Gremium eher der Meinung, dass es schwer ist, vernünftig mit der Leitung zusammen zu arbeiten oder besteht die Möglichkeit zur Kooperation und Zusammenarbeit auf Augenhöhe?

Ganz wichtig sind die Werte mit Blick auf die **Kommunikation mit der Belegschaft**, also mit den Menschen, die euch wählen und die ihr vertretet. Macht euch klar, welche Werte für die Mitarbeiterinnen und Mitarbeiter wichtig sind. Welche Werte sollen bei der Kommunikation mit den Kolleginnen und Kollegen und bei der Information der Belegschaft gelten? Wie wollt ihr eure Entscheidungen transparent machen und kommunizieren?

Die Antworten könnt ihr dann nutzen, um euer Wertesystem festzulegen. Keinen Einfluss bei der Festlegung eurer Werte sollten kurzfristige Themen oder die aktuelle Situation haben. Werte müssen langfristig Bestand haben. Sie müssen in wirtschaftlich guten Zeiten genauso als Kompass für euer Handeln geeignet sein, wie in angespannten Situationen, in denen ihr euch vielleicht mit Kurzarbeit oder Personalabbau beschäftigen müsst. Bei diesen zahlreichen Punkten und Fragen kommt das Gefühl auf, dass eine Menge an Werten benötigt wird. Das ist nicht richtig und eher eine Gefahr. Es wird euch einfacher fallen, wenigen Werten zu folgen. Deshalb müssen die wirklich wichtigen Werte herausgearbeitet werden. Schaut

euch hierzu nochmal das Beispiel am Ende von Kapitel B.I. an, das mit fünf Werten auskommt.
Hier ein Überblick darüber, welche Bereiche Einfluss auf euer Wertesystem nehmen:

Abbildung 2: Einfluss auf euer Wertesystem

Für die Ermittlung der Werte bzw. des Wertesystems kann eine vergleichbare Methodik, wie bei der Festlegung der Vision gewählt werden. Allerdings müssen mehr Fragen beantwortet werden.
Die folgenden **Fragen** können euch bei der Festlegung der Werte helfen:
- Was erwarte ich selbst von meiner Betriebsratstätigkeit?
- Welches Verhalten erwartet ihr von den anderen Betriebsratsmitgliedern gegenüber euch?
- Welches Verhalten wollt ihr nicht tolerieren?
- Wie wollt ihr Entscheidungen im Gremium treffen?

- Wie wollt ihr euch gegenseitig und die Belegschaft informieren?
- Auf welche Art wollen wir die Probleme der Mitarbeitenden lösen?
- Auf welche Art wollen wir die Zukunft gestalten?
- Auf welche Art wollt ihr mit der Unternehmensleitung zusammenarbeiten?
- Welche Werte sind den Kolleginnen und Kollegen wichtig?

Nachdem die Fragen beantwortet sind, bildet ihr **Gruppen von Themen**, die zusammengehören. Deshalb empfiehlt es sich, im Gremium Moderationskarten zu benutzen, die sich leicht neu anordnen lassen. Wenn die Themen gruppiert sind, sucht ihr **Überschriften** für die Gruppen. Welcher **Wert** passt zu der Überschrift? Formuliert jeweils einen Satz, der den Wert beschreibt.

Abbildung 3: Ermittlung der Werte

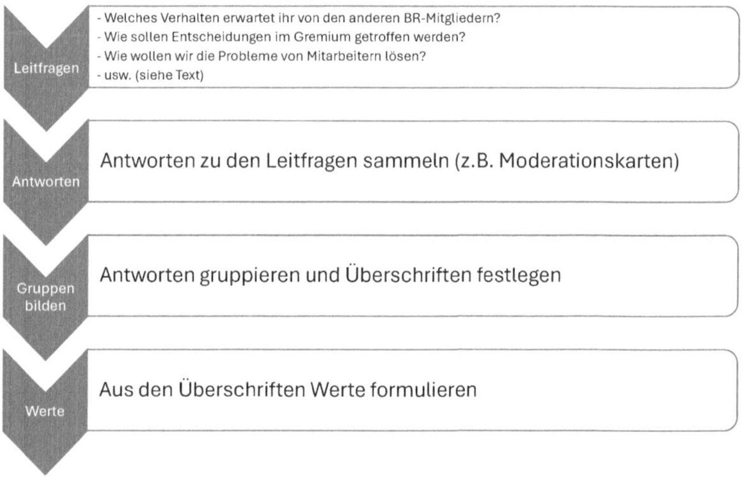

Im Folgenden findet ihr **Arbeitshilfen**, die euch bei eurer persönlichen Vorbereitung oder beim Workshop mit dem Betriebsratsgremium helfen. Für die Arbeit im Gremium empfehlen wir das Arbeiten mit Moderationskarten.

Arbeitshilfen zur Festlegung des Wertesystems für das Betriebsratsgremium

1. Leitfragen und Antworten
Welches Verhalten erwartet ihr von den anderen Betriebsratsmitgliedern gegenüber euch?
Welches Verhalten wollt ihr nicht tolerieren?
Wie sollen im Gremium Entscheidungen getroffen werden?
Wie soll die Belegschaft informiert werden?
Auf welche Art möchtet ihr Probleme von Mitarbeitenden lösen?
Auf welche Art soll die Zukunft gestaltet werden?
Auf welche Art wollt ihr mit der Unternehmensleitung zusammenarbeiten
Welche Werte sind den Kolleginnen und Kollegen wichtig?

2. Gruppierung der Antworten
Schaut euch jetzt die gegebenen Antworten an. Welche Antworten passen inhaltlich zusammen? Markiert die Antworten, die inhaltlich zusammenpassen. Findet jeweils eine Überschrift für die Antworten, die inhaltlich zusammenpassen und tragt sie hier ein:

1. ______________________________
2. ______________________________
3. ______________________________

3. Werte formulieren
Seht euch jetzt die Überschriften an, die ihr unter Punkt 2. formuliert habt. Formuliert aus den Überschriften Werte.
Zur Erinnerung: Das Wertesystem des Betriebsrats umfasst die grundlegenden Prinzipien und Werte, die für die Zusammenarbeit und den Erfolg des Gremiums wichtig sind.

1. ______________________________
2. ______________________________
3. ______________________________

IV. Von der Vision zur Analyse

Nachdem ihr gemeinsam herausgefunden habt, wofür und wie ihr als Gremium zusammenarbeiten möchtet und welche Werte und Grundsätze euch dabei leiten, steht nun ein weiterer bedeutender Schritt an: Welche übergeordneten, strategischen Fragen solltet ihr euch stellen, um klare und wirkungsvolle Ziele für eure gemeinsame Arbeit zu entwickeln?

Diese Reflexion ist entscheidend, denn sie hilft euch, den Blick zu weiten und eure Ausrichtung bewusst zu gestalten – im Einklang mit dem, was euch als Gruppe wichtig ist.

Zentrale übergeordnete Fragen könnten beispielsweise sein:
- Was sind die zentralen Themen der Zukunft für eure Branche und euer Unternehmen?
- Welche Auswirkungen haben diese Entwicklungen auf die Beschäftigten?
- Wie könnt ihr als Betriebsrat diese Prozesse sinnvoll begleiten und aktiv steuern?

Zentrale Themen der Zukunft könnten folgende sein:
- Einsatz und Nutzung von Künstlicher Intelligenz
- Wie nachhaltig produziert das Unternehmen zukünftig bei weiterhin hohen oder gar steigenden Energiekosten? Besteht die Möglichkeit, alternative Energien zu nutzen?
- Welche neuen Arbeitsformen (Stichwort New Work) können eingeführt werden und welchen Nutzen können die Beschäftigten und das Unternehmen daraus ziehen?
- Wie kann der bevorstehende oder schon bestehende Arbeitskräfte- und/oder Fachkräftemangel kompensiert werden? Wo stehen welche Veränderungen der Arbeit und Tätigkeiten an, wo droht Personalabbau?
- Wie gehen wir mit geplanten Restrukturierungen um?
- Wie gehen wir mit Schließungen von Standorten um und dem damit einhergehenden Personalabbau bzw. Versetzungen?
- Wie kann die Diversität im Unternehmen und damit einhergehend die Wertschätzung für alle Beschäftigte ausgebaut werden?
- Wie entwickelt sich die E-Mobilität und welche Konsequenzen zieht man daraus?
- Wie kann betriebliche Altersversorgung implementiert werden und mit welchen Argumenten kann die Geschäftsführung davon überzeugt werden?

1. Welche Analysephasen gibt es und warum müssen wir sie durchlaufen?

Die Analyse der Unternehmensstrategie ist ein zentraler Bestandteil des strategischen Managements – und auch für euch als Betriebsrat von großer Bedeutung. Sie bietet die Grundlage, um Entwicklungen frühzeitig zu erkennen, Mitgestaltung zu ermöglichen und die Interessen der Beschäftigten wirksam zu vertreten.

Ein erster wichtiger Schritt ist, gemeinsam einen klaren Blick auf die aktuelle strategische Ausrichtung eures Unternehmens zu werfen:

- Wo steht das Unternehmen heute?
- Welche Richtung wird angestrebt?
- Gibt es Anzeichen für eine Krise oder tiefgreifende Veränderungen?
- Und welche Ziele verfolgt das Unternehmen – kurzfristig, mittelfristig und langfristig?

Diese Fragen helfen euch nicht nur, die Perspektive des Unternehmens besser zu verstehen, sondern auch, eure Rolle als Gremium gezielt und verantwortungsvoll wahrzunehmen. Denn nur wer die strategischen Ziele kennt, kann sich wirksam für die Belange der Kolleginnen und Kollegen einsetzen.

Üblicherweise durchlaufen die Unternehmen drei Analysephasen, die sich noch einmal aufteilen.

Die drei Analysephasen lauten:

- **externe Analyse (Umweltanalyse)**,
- **interne Analyse (Unternehmensanalyse)** und
- **Verknüpfung von externer und interner Analyse**.

Liegen dem Unternehmen die Ergebnisse dieser Analysephasen vor, geht es über in die Strategieplanung, in die Strategieentwicklung und im Anschluss in die Umsetzung.

Nachfolgend geht es darum, euch einen systematischen Überblick über die häufigsten Analyseinstrumente zu geben, diese mit praktischen Beispielen zu untermauern und euch die Möglichkeit zu geben, euer Unternehmen Schritt für Schritt zu analysieren.

Abbildung 4: Analysephasen einer Strategie

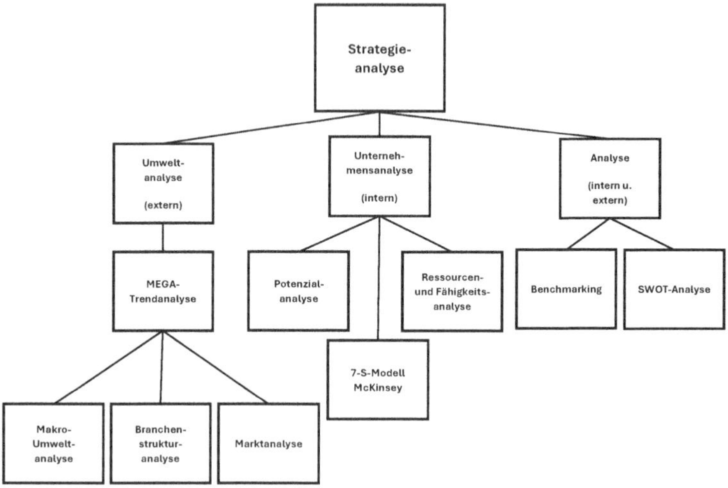

2. Die externe Analyse (Umweltanalyse)

Es gibt drei gängige **externe Analyseformen**, denen sich Unternehmen üblicherweise bedienen, um sich die Bedingungen in ihrem Umfeld genauer anzusehen. Hierbei handelt es sich um die:

- Makro-Umweltanalyse (PESTEL)
- Branchenstrukturanalyse (Fünf-Kräfte-Modell von Porter)
- Marktanalyse (Trends, Kundenverhalten, Wettbewerber)

Bevor ein Unternehmen in die eigentliche Strategieanalyse einsteigt, lohnt es sich, einen Schritt zurückzutreten und zunächst den Blick auf das große Ganze zu richten:

- Welche gesellschaftlichen und wirtschaftlichen Veränderungen prägen aktuell unser Umfeld?
- Welche Trends zeichnen sich ab und wie könnten sie sich auf die Arbeitswelt und die Beschäftigten auswirken?

Für euch ist diese Perspektive besonders wertvoll. Denn sie hilft, Entwicklungen frühzeitig zu erkennen, ein besseres Verständnis für unternehmerische Entscheidungen zu gewinnen und die Interessen der Kolleginnen und Kollegen vorausschauend zu vertreten.

In dieser Phase geht es darum, das Umfeld zu analysieren, in dem sich euer Unternehmen bewegt und damit auch die Rahmenbedingungen, die eure Arbeit beeinflussen können.

Abbildung 5: Darstellung einiger Megatrends

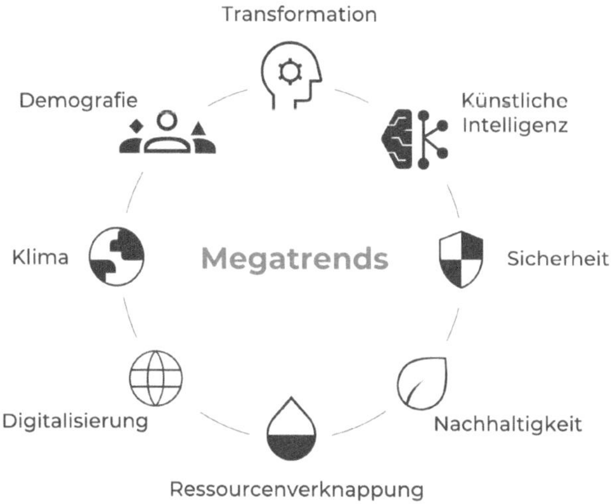

a. Megatrendanalyse

Mit einer Megatrendanalyse schaut man sich die Trends – also sprich Veränderungen im Umfeld an und analysiert diese. Wie die Begrifflichkeit Megatrend schon beinhaltet, handelt es sich hierbei um große Veränderungen, die direkt oder indirekt Auswirkungen auf das Umfeld und das Wirken des Unternehmens haben. Große Megatrends sind beispielsweise Transformation, Künstliche Intelligenz, Nachhaltigkeit, Ressourcenverknappung, Sicherheit, Digitalisierung, Klimaveränderungen und die Demografie. Aber auch Urbanisierung, Bildung, Mobilität, Gesundheit und die Individualisierung der Gesellschaft. Diese großen Veränderungen sind die Treiber des Wandels in unserer Gesellschaft und Wirtschaft und prägen unsere Zukunft nachhaltig. Megatrends sind vielschichtig und beeinflussen oder verstärken sich gegenseitig. Am Beispiel der **Demografie** wird deutlich, wie komplex und vielschichtig externe Entwicklungen sein können. Sie entstehen oft außerhalb des direkten Einflussbereichs eines einzelnen Unternehmens, und trotzdem muss das Unternehmen damit umgehen.

Für euch als Betriebsrat heißt das: Das Unternehmen steht vor der Herausforderung, mit den vorhandenen Ressourcen auf solche Trends zu reagieren. Ziel ist es, Risiken zu minimieren und gleichzeitig mögliche Chancen zu erkennen und zu nutzen, etwa durch vorausschauende Personalplanung oder gezielte Qualifizierung.

Damit das gelingt, ist es wichtig, das Umfeld regelmäßig zu beobachten und Veränderungen frühzeitig zu erkennen. Nur so kann das Unternehmen strategisch und verantwortungsvoll handeln, und das gilt auch für euch als Gremium.
Der demografische Wandel, der durch eine alternde Bevölkerung und sinkende Geburtenraten gekennzeichnet ist, hat auf viele Bereiche unserer Gesellschaft und selbstverständlich auch auf unsere Wirtschaft Auswirkungen. Mit dieser Entwicklung geht ein Arbeitskräfte- und Fachkräftemangel einher, der durch den Eingang der Babyboomer in die Rente noch einmal verstärkt wird. Um die Abnahme von Fach- und Arbeitskräften, die dem Arbeitsmarkt zur Verfügung stehen zu kompensieren, könnte beispielsweise die Gewinnung von ausländischen Fachkräften und eine schnellere Integration von anerkannten Flüchtlingen erhöht werden. Allerdings bedarf es hier u. a. Anstrengungen in die Anerkennung von ausländischen Schul- und Bildungsabschlüssen, den Abbau von Sprachbarrieren sowie bürokratischen Hürden bei der Arbeitsmigration usw.
Also alles Maßnahmen, die nicht in der Hand eines Unternehmens, sondern einer Regierung liegen. Ein Unternehmen oder dessen Arbeitgeberverband kann zu diesem Thema Lobbyarbeit leisten bzw. versuchen, politisch Einfluss zu nehmen, damit eine Regierung entsprechende Gesetze oder Richtlinien erlässt. Die Auswirkungen der demografischen Entwicklung auf den Arbeitsmarkt könnte vielleicht auch mittel- bis langfristig abgefedert werden durch den weiteren Ausbau digitalisierter Arbeitsprozesse und den Einsatz von Künstlicher Intelligenz.
Da die demografische Entwicklung bereits heute viele Unternehmen – unabhängig von Branche oder Größe – betrifft und sich dieser Trend in den kommenden Jahren weiter verstärken wird, möchten wir anhand dieses Beispiels gemeinsam mit euch herausarbeiten, welche konkreten Auswirkungen sich für euer Unternehmen ergeben. Gleichzeitig möchten wir aufzeigen, wie ihr als Betriebsratsgremium eine eigene Strategie entwickeln könnt, die sowohl die bestehenden Chancen als auch die möglichen Risiken berücksichtigt.

b. Makro-Umweltanalyse

Im nächsten Schritt werfen wir gemeinsam einen Blick auf die Makro-Umwelt – also auf die externen Faktoren, die das Geschäftsmodell eures Unternehmens beeinflussen können. Dafür nutzen wir ein bewährtes strategisches Instrument: die **PESTEL-Analyse**. Gerade für international tätige Unternehmen eignet sich dieses Modell besonders gut. Es unterteilt die externen Einflussfaktoren in sechs Bereiche:

- **politisch**
- **wirtschaftlich**
- **soziokulturell**
- **technologisch**
- **umweltbezogen**
- **rechtlich**

Diese strukturierte Analyse hilft dabei, Chancen und Risiken frühzeitig zu erkennen. So kann das Unternehmen gezielt Strategien entwickeln, Risiken minimieren und Potenziale nutzen, um langfristig handlungsfähig und erfolgreich zu bleiben.
Nachfolgend haben wir am **Beispiel eines Lebensmittelkonzerns** eine externe Analyse erarbeitet.

Politische Faktoren:

- **Regulierungen und Gesetze**
  Strenge Vorschriften zur Lebensmittelproduktion, -kennzeichnung und -sicherheit, wie z. B. HACCP (englisch: Hazard Analysis and Critical Control Points; ist ein Prozess zur Gefahrenanalyse und Identifizierung kritischer Kontrollpunkte), können die Abläufe und Kosten eines Unternehmens beeinflussen.
- **Handelspolitik**
  Zölle, Import-/Exportbeschränkungen und Freihandelsabkommen können die Verfügbarkeit von Rohstoffen und die Absatzmärkte beeinflussen.
- **Politische Stabilität**
  Politische Instabilität in wichtigen Absatzmärkten kann zu Unsicherheiten und Risiken für den Konzern führen.

Wirtschaftliche Faktoren:

- **Wirtschaftswachstum**
  Ein starkes Wirtschaftswachstum kann zu einer erhöhten Nachfrage nach Lebensmitteln führen, während eine Rezession die Kaufkraft der Verbraucher reduziert.
- **Inflation**
  Steigende Preise für Rohstoffe, Energie und Löhne können die Produktionskosten erhöhen und die Gewinnmargen schmälern.
- **Wechselkurse**
  Schwankungen von Wechselkursen können sich auf Import- und Exportpreise auswirken.

Soziokulturelle Faktoren:

- **Verbraucherverhalten**
  Präferenzen für bestimmte Lebensmittel, Essgewohnheiten, gesundheitsbewusste Ernährung, Bio-Lebensmittel und wachsende Nachfrage nach Convenience-Produkten beeinflussen die Produktentwicklung und Marketingstrategien.
- **Demografischer Wandel**
  Alterung der Bevölkerung und steigende Urbanisierung können zu einer veränderten Nachfrage führen.
- **Kulturelle Unterschiede**
  Lokale Essgewohnheiten und Geschmäcker müssen bei der Produktentwicklung und Vermarktung berücksichtigt werden.

Technologische Faktoren:

- **Automatisierung und Robotik**
  Neue Technologien können die Effizienz in der Produktion steigern, Kosten senken und die Produktqualität verbessern.
- **Verpackungstechnologien**
  Nachhaltige und innovative Verpackungslösungen gewinnen an Bedeutung, um den Verbraucherwünschen gerecht zu werden
- **Online-Handel**
  E-Commerce im Lebensmittelbereich bietet neue Absatzkanäle und Herausforderungen für den stationären Handel.

Umweltbezogene Faktoren:

- **Klimawandel**
  Extreme Wetterereignisse, wie beispielsweise Hitzewellen und damit einhergehend Dürren und Überschwemmungen nach starken Regenfällen können die Verfügbarkeit von Rohstoffen (Getreide, Ölsaaten, Zucker etc.) beeinträchtigen und die Produktionskosten erhöhen.
- **Nachhaltige Landwirtschaft**
  Der Trend zu nachhaltigen Anbaumethoden und der Reduzierung von Pestizideinsatz beeinflusst die Rohstoffbeschaffung.
- **Abfallreduktion und Recycling**
  Verpackungsabfälle und Lebensmittelverschwendung sind wichtige Themen, deren Vermeidung von Verbrauchern und Gesetzgebern gefordert werden.

Rechtliche Faktoren:

- **Lebensmittelgesetze**
  Strenge Vorgaben zur Lebensmittelsicherheit, -kennzeichnung und -zusammensetzung müssen eingehalten werden.
- **Arbeitsrecht**
  Die Einhaltung von Arbeitsgesetzen, Mindestlöhnen und Arbeitssicherheitsstandards ist erforderlich.
- **Wettbewerbsrecht**
  Regeln zur Verhinderung von Monopolbildung und Kartellbildung müssen beachtet werden.

Mit der nachfolgenden **Arbeitshilfe** könnt ihr die externen Faktoren eures Unternehmens anhand der PESTEL-Analyse ermitteln. Schreibt hierfür in einem ersten Schritt alle Faktoren auf, die euch zu den sechs Bereichen einfallen. Arbeitet bestenfalls alleine, tragt alle Vorschläge zusammen und tauscht euch im Anschluss dazu aus.
Unterstützend könnt ihr euch die Leitlinie, den Geschäftsbericht oder Nachhaltigkeitsbericht eures Unternehmens für diese Aufgabe heranziehen.

Arbeitshilfe PESTEL-Analyse-Modell

Politische Faktoren

Wirtschaftliche Faktoren

Soziokulturelle Faktoren

Technologische Faktoren

Umweltbezogene Faktoren

____

____

____

Rechtliche Faktoren

____

____

____

c. Branchenstrukturanalyse

Nachdem ein Unternehmen die äußeren Einflussfaktoren analysiert hat, folgt im nächsten Schritt die Branchenstrukturanalyse. Sie hilft dabei, die Wettbewerbs- und Marktbedingungen innerhalb einer Branche besser zu verstehen – und ist damit ein wichtiges Instrument, um die eigene Position zu bewerten und strategisch kluge Entscheidungen zu treffen.
Gerade wenn ein Unternehmen überlegt, ein anderes Unternehmen zu übernehmen oder eine Kooperation (z. B. ein Joint Venture) einzugehen, liefert diese Analyse wertvolle Entscheidungsgrundlagen.
Im Zentrum steht dabei das bekannte Fünf-Kräfte-Modell von Michael E. Porter, das fünf zentrale Wettbewerbskräfte untersucht. Es unterstützt Unternehmen dabei:

- den aktuellen Stand im Markt zu erfassen,
- zukünftige Entwicklungen und mögliche Risiken oder Chancen einzuschätzen,
- Veränderungen und Dynamiken frühzeitig zu erkennen und
- strategische Entscheidungen fundiert zu treffen.

Zusammenfassend ist die Branchenstrukturanalyse ein wichtiges Instrument für Unternehmen, um ihre Wettbewerbsumgebung zu verstehen, ihre Position zu bestimmen und strategische Entscheidungen zu treffen, die zu langfristigem Erfolg führen können.
Das nachfolgende Modell (Abbildung 6) beschreibt die möglichen Schritte dieser Analyse.

Abbildung 6: Schritte einer Branchenstrukturanalyse

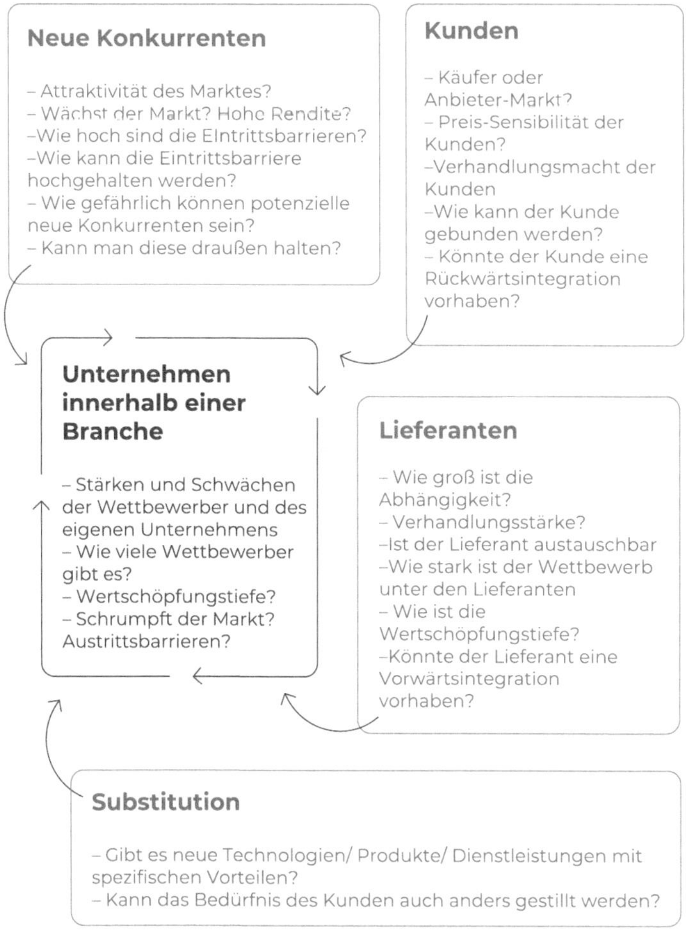

(Quelle: Peter Müller-Pellet/Markus Kottbauer, decision GmbH)

Nachfolgend haben wir am **Beispiel eines Unternehmens in der Zementindustrie** eine Analyse nach dem Fünf-Kräfte-Modell von Porter erarbeitet.

Rivalität unter bestehenden Wettbewerbern:

- **Hoch**: Weltweit konkurrieren große Anbieter wie Heidelberg Materials, Holcim, Cemex und CRH miteinander.

- **Preisdruck** und **Umweltanforderungen** erhöhen den Wettbewerb.
- **Differenzierung** durch nachhaltige Produkte und CO_2-arme Technologien wird wichtiger.

Bedrohung durch neue Wettbewerber:
- **Gering**: Der Markteintritt in die Zementindustrie ist kapitalintensiv (teure Anlagen, Genehmigungen, Umweltauflagen).
- **Hohe regulatorische Hürden** und lange Amortisationszeiten schrecken ab.

Verhandlungsmacht der Kunden:
- **Hoch bei Großkunden**: Baukonzerne und Infrastrukturprojekte haben starke Verhandlungsmacht.
- **Gering bei Kleinabnehmern**: Privatkunden oder kleine Bauunternehmen haben wenig Einfluss.

Verhandlungsmacht der Lieferanten:
- **Mittel**: Hauptrohstoffe wie Kalkstein sind lokal verfügbar, aber Energiepreise (Strom, Gas) können stark schwanken.
- **Technologieanbieter** (z. B. für CO_2-Reduktion) gewinnen an Bedeutung und Einfluss.

Bedrohung durch Ersatzprodukte (Substitution):
- **Gering bis mittel**: Es gibt alternative Baustoffe (z. B. Holz, Recyclingmaterialien), aber Zement bleibt für viele Anwendungen heute noch unverzichtbar.
- **Innovationen** in nachhaltige Baustoffe könnten langfristig Druck erzeugen.

Das Beispiel zeigt, dass die Zementindustrie durch hohe Eintrittsbarrieren, intensiven Wettbewerb und steigende Anforderungen an Nachhaltigkeit geprägt ist. Unternehmen in der Zementindustrie müssen sich strategisch durch Innovation, Effizienz und Umweltfreundlichkeit behaupten. Mit der nachfolgenden **Arbeitshilfe** könnt ihr eine Branchenstrukturanalyse für euer Unternehmen mit dem Instrument des Fünf-Kräfte-Modells erstellen. Notiert hierzu alle Ideen zu den fünf Wettbewerbskräften. Schreibt in einem ersten Schritt alle Faktoren auf, die euch einfallen. Arbeitet bestenfalls alleine, tragt alle Vorschläge zusammen und tauscht euch im Anschluss dazu aus.

Arbeitshilfe Fünf-Kräfte-Modell nach Porter

Rivalität unter bestehenden Wettbewerbern:

____

____

____

Bedrohung durch neue Wettbewerber:

____

____

____

Verhandlungsmacht der Kunden:

____

____

____

Verhandlungsmacht der Lieferanten:

____

____

____

Umweltbezogene Faktoren:

____

____

____

Bedrohung durch Substitution (Ersatzprodukte):

____

____

____

d. Marktanalyse

Nachdem ihr euch intensiv mit der Branchenstruktur auseinandergesetzt habt, lohnt sich nun ein genauer Blick auf die Marktanalyse eures Unternehmens.

Was bedeutet das konkret?

Eine Marktanalyse vergleicht einzelne Marktsegmente mit erfolgreichen Wettbewerbern. Ein Unternehmen, das seine Stärken kennt, die Bedürfnisse seiner Kundinnen und Kunden versteht und sich klar von Wettbewerbern abgrenzt, ist gut aufgestellt. Doch Märkte verändern sich: Kundenbedürfnisse wandeln sich, neue Wettbewerber treten auf, bestehende Anbieter passen ihr Angebot an – das Marktumfeld bleibt in Bewegung.

Gerade weil diese Veränderungen oft kurzfristig oder mittelfristig eintreten, ist es wichtig, den Markt regelmäßig zu beobachten und zu analysieren. Die Grundlage dafür bilden aktuelle Informationen über die Branche, die Kundschaft und die Wettbewerber.
Dabei unterscheidet man:

- **Marktanalyse**: eine punktuelle, systematische Betrachtung zur Bewertung der eigenen Position und Leistung im Vergleich zu anderen.
- **Wettbewerbsanalyse**: fokussiert ausschließlich auf die Konkurrenz.
- **Marktbeobachtung**: eine kontinuierliche und langfristige Beobachtung des Marktes, mit dem Ziel, Veränderungen rechtzeitig zu erkennen und darauf reagieren zu können. Es werden u. a. das Kundenverhalten, veränderte Markenstrategien, Trends und Preisveränderungen beobachtet.

Für euch als Betriebsratsgremium ist dieses Wissen wertvoll, um Entwicklungen frühzeitig zu erkennen und mitzugestalten – etwa bei strategischen Entscheidungen, die Auswirkungen auf Beschäftigung, Arbeitsbedingungen oder Qualifikationsanforderungen haben können.

Woher stammen die Informationen?
Unternehmen greifen dabei auf eine Vielzahl von Quellen zurück:

- Öffentliche Statistiken (z. B. von Landesämtern oder dem Statistischen Bundesamt)
- Branchenberichte von Wirtschafts- und Arbeitgeberverbänden
- Analysen der Industrie- und Handelskammern oder Banken
- Fachartikel, Studien und Umfragen
- Und natürlich: unternehmensinterne Daten wie Umsatz-, Absatz- oder Kundenzahlen

Diese Daten bilden die Basis für fundierte Entscheidungen. Nachfolgend die sieben **wichtigsten Kennzahlen** einer Marktanalyse.

Abbildung 7: Ansicht einer Marktanalyse

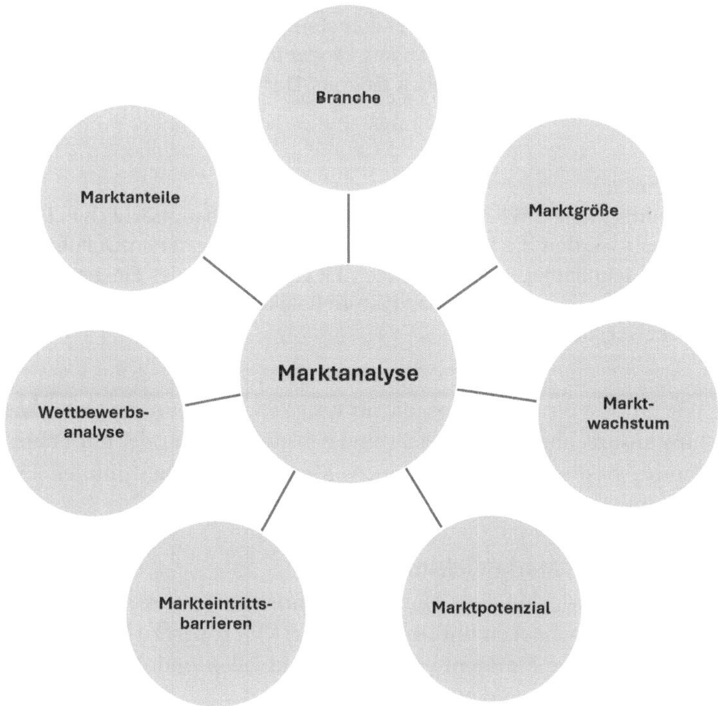

Die wesentlichen Informationen über die **Branche**:

- Größe der Branche gemessen am Umsatz und der Beschäftigtengröße
- Entwicklung der Branche in den vergangenen Jahren
- Erwartung zur Entwicklung der Branche für die Zukunft von Verbänden, Wirtschaftsinstituten etc.
- Gibt es zu erwartende Risiken für die Branche?

Ermittlung der **Marktgröße**:

- Zur Ermittlung der Marktgröße muss als erstes der Zielmarkt definiert werden.
- Wo werden die Produkte/Dienstleistungen angeboten? Regional (innerhalb eines bestimmten Landkreises, eines Bundeslandes oder in Deutschland), international oder global?

Beispiel 1:
Ein Unternehmen in der **Zementindustrie** verkauft seinen Zement im Radius von einigen wenigen hundert Kilometern. Zement wird nicht über große Regionen hinweg oder gar in andere Länder transportiert und verkauft. Die Kosten des Transports schließen dies aus. **Der Produktmarkt ist hier eher regional.**

Beispiel 2:
Die Firma **Miele** produziert ihre **Waschmaschinen** hauptsächlich in Polen. Verkauft werden die Produkte weltweit über den eigenen Onlinemarkt, Miele-Fachhändler, Vertragshändler, Elektromärkte oder Elektronikfachmarktketten wie die MediaMarktSaturn Retail Group GmbH. **Der Produktmarkt ist global.**

- Wie groß ist die Zielgruppe, die für unser Produkt / unsere Dienstleistung ansprechbar ist? Vielleicht sind das nur Männer oder nur Frauen, Kinder, bestimmte Altersgruppen, Menschen mit bestimmten Einkommen usw.

Entwicklung des **Marktwachstums:**
- Um die Entwicklung des Marktwachstums zu erfassen und damit die zukünftigen Chancen und Risiken besser einordnen zu können, sollte die bisherige Marktentwicklung des aktuellen und des vorherigen Jahres analysiert werden.
- Ist der Markt konstant und stetig gewachsen, ist er gleichgeblieben oder ist er geschrumpft?

Entwicklung der zukünftigen **Marktpotenziale**:
- Das Marktpotenzial beschreibt die Absatzmenge eines Produkts, die in der Theorie maximal möglich wäre.

Beispiel: Verkauf von Babywindeln
Anhand des statistischen Bundesamts wurden 2024 in Deutschland 677 117 Kinder geboren. Der Geburtenrückgang der vergangenen Jahre liegt bei durchschnittlich 3 %. Es handelt sich hierbei also um einen Markt, der in den vergangenen Jahren geschrumpft ist und absehbar weiter schrumpfen wird. Einmal davon ausgehend, dass für 80 % der Kinder über einen Zeitraum von 2,5 Jahren Einwegwindeln verwendet und pro Tag ca. vier Windeln benötigt werden, die einer Monatspackung entsprechen, ergäbe sich folgender Bedarf:

605 000 Babys pro Jahr x 2,5 Jahre = 1 512 500 Babys mit Windelbedarf x 45 Euro für eine Monatspackung Windeln x 12 Käufe pro Jahr = 816,75 Mio. Bruttoumsatz/Jahr
Dieser Wert stellt das Marktpotenzial für die Produzenten von Einweg-Babywindeln dar.

Ermittlung von **Markteintrittsbarrieren**:

- Mögliche Markteintrittsbarrieren spielen nicht nur eine Rolle, wenn ein Unternehmen mit seinen Produkten oder einem neuen Produkt oder einer neuen Dienstleistung den Markt neu betreten möchte. Die Ermittlung von Marktbarrieren kann ein auf dem Markt bereits etabliertes Unternehmen auch vor neuen oder weiteren Konkurrenten schützen. Marktbarrieren können sein: fehlende Fachkräfte, fehlendes Kapital, ökologische Rahmenbedingungen etc.

Erstellung einer **Wettbewerbsanalyse**:

- Mit einer Wettbewerbsanalyse ermittelt ein Unternehmen, wie viele Wettbewerber es gibt, die die gleichen potenziellen Kunden im gleichen Marktumfeld mit vergleichbaren Produkten ansprechen. Die Wettbewerbsanalyse hat Einfluss auf die Preisgestaltung und mögliche Verhandlungsoptionen (Rabatte, Kundenbindungen etc.), um sich von den Wettbewerbern abzusetzen. Darüber hinaus konkurrieren Wettbewerber um Auszubildende, Fachkräfte, Rohstoffe usf. Daher sollten auch diese Aspekte in eine Wettbewerbsanalyse mit einfließen.

Ermittlung der eigenen **Marktanteile**:

- Ziel eines Unternehmens ist, in seinem Markt einen möglichst hohen Anteil zu bedienen. Die Berechnung des Marktanteils ist also wichtig, um die aktuelle Position und die Geschäftsentwicklung einschätzen zu können. Der Wert zeigt an, welchen prozentualen Anteil ein Unternehmen am Markt hat, bezogen auf den Absatz oder den Umsatz. Zur Berechnung wird als Grundgröße der relevante Produktmarkt herangezogen. Dieser umfasst alle Produkte oder Dienstleistungen, die von den Käufern aufgrund der Produkteigenschaft und des Produktpreises als austauschbar angesehen werden. Das ist der Markt, den ein Unternehmen theoretisch erreichen kann.

Eine Marktanalyse mit allen sieben Kennzahlen sollte auf jeden Fall dann erstellt werden, wenn ein Unternehmen sich neu gründen möchte. Sie ist ein wichtiger Bestandteil des zu erstellenden Businessplans. Auch vor der

Einführung eines neuen Produkts oder vor einer strategischen Neuausrichtung ist eine Marktanalyse ein Muss.

Beispiel: Ein Versicherungsunternehmen vor der Einführung einer Pflegezusatzversicherung

Die Marktanalyse könnte folgende Aspekte umfassen:

- **Branche**: Die Versicherungsunternehmen sind bekannt, ebenso deren Angebot.
- **Marktgröße**: Eine neue Pflegezusatzversicherung kann Deutschlandweit angeboten werden. Als Zielgruppe sind am ehesten Menschen ab dem 40. Lebensjahr ansprechbar.
- **Marktwachstum:** Aufgrund der Demografie wird der Markt in den kommenden Jahren mit dem Renteneintritt der Babyboomer stark wachsen.
- **Marktpotenziale:** Unter der Annahme, dass eine Pflegezusatzversicherung noch rentabel ist, wenn sie vor Eintritt in die Rente abgeschlossen wird und Menschen ab dem 40. Lebensjahr als potenzielle Zielgruppe ins Auge gefasst werden, könnten theoretisch mehr als 22 Mio. Pflegezusatzversicherungen verkauft werden.
- **Markteintrittsbarrieren:** Pflegezusatzversicherungen sind komplex und erklärungsbedürftig. Schulungen für bestehendes Personal sind erforderlich und binden Personal und verursachen zusätzliche Kosten.
- **Wettbewerbsanalyse:** Welche Wettbewerber bieten bereits Pflegezusatzversicherungen an und wieviel Pflegezusatzversicherungen wurden bereits abgeschlossen? Gibt es Zusatzangebote, mit denen man sich von den Wettbewerbern absetzen und einen Vorteil im Angebot erlangen kann?
- **Marktanteile:** Laut Angaben des Gesamtverbandes der Versicherer hatten im Jahr 2023 rund 3,2 Mio. Menschen eine private Pflegezusatzversicherung. Die Steigerung der Neuabschlüsse liegt bei ca. 2,5 % – also bei rund 80 000 neuen Verträgen pro Jahr. Realistisch betrachtet hat ein neuer Anbieter daher eher eine geringe Chance, sich kurz- bis mittelfristig nennenswerte Marktanteile zu sichern. Es sei denn, die Leistungen der gesetzlichen Pflegeversicherung verschlechtern sich weiter und die private Vorsorge wird stärker gefördert.

Mit der nachfolgenden **Arbeitshilfe** könnt ihr eine Marktanalyse für die Einführung eines neuen Produkts für euer Unternehmen erstellen. Analysiert nach Möglichkeit alle sieben Kennzahlen und notiert euer Fazit bzw. eure Empfehlung und tauscht euch im Anschluss aus.

Arbeitshilfe Marktanalyse

Branche:

Marktgröße:

Marktwachstum:

Marktpotenziale:

Markteintrittsbarrieren:

Wettbewerbsanalyse:

Marktanteile:

Fazit/Empfehlung:

3. Die interne Analyse (Unternehmensanalyse)

Mit der internen Unternehmensanalyse werden die Fähigkeiten und Ressourcen eines Unternehmens ermittelt. Dabei werden Stärken und Schwächen des eigenen Unternehmens aufgezeigt. Analysiert werden können entweder das ganze Unternehmen oder nur Teilbereiche. Dafür stehen **verschiedene Instrumente** zur Verfügung, von denen wir drei der gängigsten vorstellen möchten.

- Potenzialanalyse
- Ressourcen- und Fähigkeitsanalyse
- 7-S-Modell von McKinsey

a. Potenzialanalyse

Die Potenzialanalyse ist ein wichtiges Instrument, um die Stärken und Schwächen eines Unternehmens sowie die externen Einflussfaktoren zu untersuchen. Sie identifiziert die aktuelle Situation und eröffnet damit die Chance, die unternehmerische Leistungsfähigkeit gezielt zu verbessern. Hierbei müssen alle relevanten Einflussfaktoren und Bereiche einbezogen werden.

Zu den Unternehmensbereichen, die analysiert werden können, gehören z.B. die Produktion, die Logistik, der Vertrieb, die Verwaltung und das Personal.

Typische Einsatzfelder im Bereich Personal sind die Personalgewinnung, die Personalentwicklung, die Personalplanung und die Personalbindung. Es geht um systematische Untersuchungen, die darauf abzielen, die Fähigkeiten, Talente und das Entwicklungspotenzial von Bewerbern und Beschäftigten zu ermitteln. Sie gehen über die reine Betrachtung aktueller Qualifikationen hinaus, indem sie zukünftige Leistungsfähigkeit und -entwicklung einschätzt.

Ziele der Potenzialanalyse:

- Die **Identifizierung von Talenten**: Welche Stärken und ungenutzte Potenziale, die in der Persönlichkeit eines Menschen angelegt sind, finden sich bei Bewerbern und bei den Beschäftigten im Unternehmen.
- **Fundierte Einstellungsentscheidungen**: Zielgenaue Besetzung von Stellen mit geeigneten Kandidaten, deren Fähigkeiten passgenau für die Anforderungen der Tätigkeit sind und in denen auch Entwicklungspotenzial angelegt ist.
- **Strategische Personalentwicklung**: Ist die Basis für gezielte Weiterbildungsmaßnahmen und Führungskräfteentwicklung, um Beschäftigte

an das Unternehmen zu binden und ihre Fähigkeiten und Talente optimal nutzen zu können.

- **Vorbereitung auf zukünftige Herausforderungen**: Ist die gezielte Ausbildung und Qualifikation von Beschäftigten, um Herausforderungen, wie beispielsweise die digitale Transformation bewältigen und dem auf dem Arbeitsmarkt bestehenden Fachkräftemangel begegnen zu können. Darüber hinaus werden Beschäftigte gezielt für neue Tätigkeitsprofile gefördert.
- **Erhöhung der Mitarbeiterbindung**: Förderung der Zufriedenheit und langfristigen Bindung von Beschäftigten durch materielle und immaterielle Anreize. Beispielsweise: flexible Arbeitszeiten und Arbeitsformen, die die Lebensphasen der Beschäftigten berücksichtigen, Einführung einer attraktiven betrieblichen Altersversorgung, Unterstützung von gesunderhaltenden Maßnahmen usw.

Zur Erreichung der Ziele der Potenzialanalyse bieten sich je nach Einsatzgebiet vielfältige Methoden und Instrumente an, die auch gut miteinander kombiniert werden können und die einzelnen Prozesse ergänzen. Nachfolgend haben wir einige kurz skizziert.

Häufig eingesetzte Methoden:

- **Einzel- oder Gruppen-Assessments**: Hierbei handelt es sich um ein Personalauswahl- und -entwicklungsverfahren, das aus einer Reihe von Übungen, Tests oder Gruppenaufgaben besteht, um die Eignung für eine bestimmte Aufgabe oder Position bewerten zu können.
- **360-Grad-Feedback:** Dies ist eine Methode zur Leistungsbeurteilung. Ziel ist, ein umfassendes Bild der Leistung und des Verhaltens einer Person zu erhalten und Entwicklungspotenziale zu erkennen. Das Feedback kann von Vorgesetzten, Kolleginnen und Kollegen, Mitarbeitern und auch Kunden erfolgen.
- **Potenzialgespräche**: Hier handelt es sich um ein Gespräch mit Mitarbeitenden, in dem mit gezielten Fragen die Stärken, Entwicklungsmöglichkeiten und Zukunftspläne des Gesprächspartners herausgearbeitet werden. Die Fragen sollten offen gestellt werden, zum Nachdenken anregen und Raum lassen für die Antworten des Mitarbeitenden.
- **Strukturierte Fragebögen**: Im Gespräch mit einem Mitarbeitenden werden spezifische Ziele herausgearbeitet. Beispielsweise Zielvereinbarungsgespräche zur gezielten Mitarbeiterentwicklung und -unterstützung bei geplanten Arbeitsmaßnahmen, Projekten etc. oder auch zur Erreichung von vereinbarten Zielen für Bonuszahlungen.
- **Psychologische Tests**: Intelligenz-, Motivations- und Persönlichkeitstests dienen zur Messung von kognitiven und Verhaltenspotenzialen.

- **Biografische Daten**: Lebensläufe, Aus- und Weiterbildungen sowie Interessen werden ausgewertet, um Hinweise auf vergangene Leistungen und Erfahrungen zu erhalten.

b. Ressourcen- und Fähigkeitsanalyse

Ressourcen- und Fähigkeitsanalysen sind Instrumente zur Bewertung der Stärken und Schwächen eines Unternehmens. Dabei werden die internen Ressourcen und Fähigkeiten, mit denen der Wettbewerber verglichen. Ziel ist es zu verstehen, wo das Unternehmen im Vergleich zu den Wettbewerbern aktuell steht und wie es sich weiterentwickeln und verbessern kann.
Zu den Ressourcen, die einem Unternehmen zur Verfügung stehen gehören materielle, immaterielle und menschliche Ressourcen.

- **Materielle Ressourcen** sind Maschinen, Ausrüstung, Rohstoffe, Werkzeuge, Lagerbestände.
- **Immaterielle Ressourcen** sind Patente, Marken, Lizenzen, Kundenbeziehungen oder auch der gute Ruf eines Unternehmens.
- **Menschliche Ressourcen**, also Mitarbeiterressourcen, sind spezielle Fähigkeiten und Wissen, Kommunikations- und Kooperationskompetenzen und die Motivation der Beschäftigten im Unternehmen.

Die Fähigkeiten oder auch Kompetenzen eines Unternehmens ergeben sich aus der Nutzung der vorhandenen Ressourcen. Fähigkeit bedeutet hier, etwas besser zu können oder zu machen als Wettbewerber. Also beispielsweise ein besseres Innovationsmanagement, an dessen Ende ein neues attraktives Produkt steht oder eine gute Mitarbeiterführung, die dazu führt, dass es eine geringe Fluktuation und hohe Bindung an das Unternehmen gibt.

Beispiel: Eine Werbeagentur, die sich auf die Pharmabranche spezialisiert hat.
Eine Ressourcen- und Fähigkeitsanalyse könnte wie folgt aussehen:
Materielle Ressourcen:

- **Technische Ausstattung**: Moderne Grafik- und Videoproduktionssoftware (Adobe Creative Suite, Cinema 4D, etc.), leistungsfähige Hardware.
- **Büroinfrastruktur**: Kreativräume, Besprechungsräume, die Möglichkeit remote zu arbeiten, also ortsunabhängig.
- **Finanzielle Mittel**: Solide Eigenkapitalbasis, stabile Kundenbeziehungen mit Pharmaunternehmen.

Immaterielle Ressourcen:
- **Image**: Etablierter Ruf als Werbespezialist für pharmazeutische Kommunikation.
- **Kundenbeziehungen**: Langjährige Partnerschaften mit Pharmafirmen, Apotheken und medizinischen Fachverlagen.

Menschliche Ressourcen:
- **Fachkräfte**: Kreative Mitarbeitende mit Erfahrung für die Branche.
- **Weiterbildung**: Regelmäßige Schulungen zu medizinischen Trends, digitalen Tools etc.
- **Teambildung**: Interdisziplinäre Teams mit Textern, Designern und Content-Marketing-Spezialisten.

Wie euch sicher aufgefallen ist, wurden am Beispiel der Werbeagentur die **Stärken** herausgearbeitet. Wenn ein Unternehmen sich verbessern möchte, dann macht es natürlich Sinn, sich auch die Schwächen oder nennen wir es die **Verbesserungsbedarfe** näher anzusehen.
Mit nachfolgenden **Arbeitshilfen** könnt ihr sowohl die Stärken als auch die Verbesserungsbedarfe **eures Unternehmens** herausarbeiten und in einem zweiten Schritt eine Ressourcen- und Fähigkeitsanalyse **eines Wettbewerbers** erarbeiten.
Die Erkenntnisse eurer Analyse für euer Unternehmen liefern euch bereits gute Ergebnisse.

Arbeitshilfe Ressourcen- und Fähigkeitsanalyse für das eigene Unternehmen

Materielle Ressourcen:

Stärken	Verbesserungsbedarfe

Immaterielle Ressourcen:

Stärken	Verbesserungsbedarfe

Menschliche Ressourcen:

Stärken	Verbesserungsbedarfe

✎ **Arbeitshilfe Ressourcen- und Fähigkeitsanalyse für ein konkurrierendes Unternehmen**

Materielle Ressourcen:

Stärken	Verbesserungsbedarfe

Immaterielle Ressourcen:

Stärken	Verbesserungsbedarfe

Menschliche Ressourcen:

Stärken	Verbesserungsbedarfe

Spannend wird es, die Erkenntnisse, die ihr zu eurem Unternehmen zusammentragen konntet, mit den Ergebnissen des Wettbewerbes abzugleichen. Legt dafür die Ergebnisse der beiden Arbeitshilfen nebeneinander.

c. Das 7-S-Modell von McKinsey

Das 7-S-Modell von McKinsey wurde in den 80er Jahren von McKinsey-Beratern entwickelt. Ursprünglich war es als Instrument für die externe Unternehmensberatung gedacht. Allerdings entwickelte sich das Konzept zügig zu einem Instrument für die interne Analyse von Unternehmen und Organisationen und ist bis heute eines der umfassendsten Modelle für diese Analyseform. Es besteht aus sieben Elementen, mit denen die Effizienz eines Unternehmens oder einer Organisation bestimmt werden kann. Die Besonderheit dieses Analysemodells besteht darin, dass harte Elemente, wie die Strategie, die Struktur und die Systeme, die von einer Unternehmensführung direkt beeinflusst werden können, gleichgestellt

werden mit weichen Elementen, wie die Kultur eines Unternehmens, die Menschen, die Fähigkeiten und die gemeinsamen Visionen und Werte (Quelle: Schawel, Christian/Billing, Fabian: Top 100 Management Tools, 6. Aufl. 2018, Springer Gabler Verlag, S. 399–401).
Dieses Analysemodell wird meist angewandt, wenn ein Unternehmen ganzheitlich analysiert werden soll und/oder Veränderungen anstehen, wie beispielsweise eine Fusion, die unweigerlich Auswirkungen auf vielen Ebenen eines Unternehmens haben wird.

Abbildung 8: Das 7-S-Modell von McKinsey

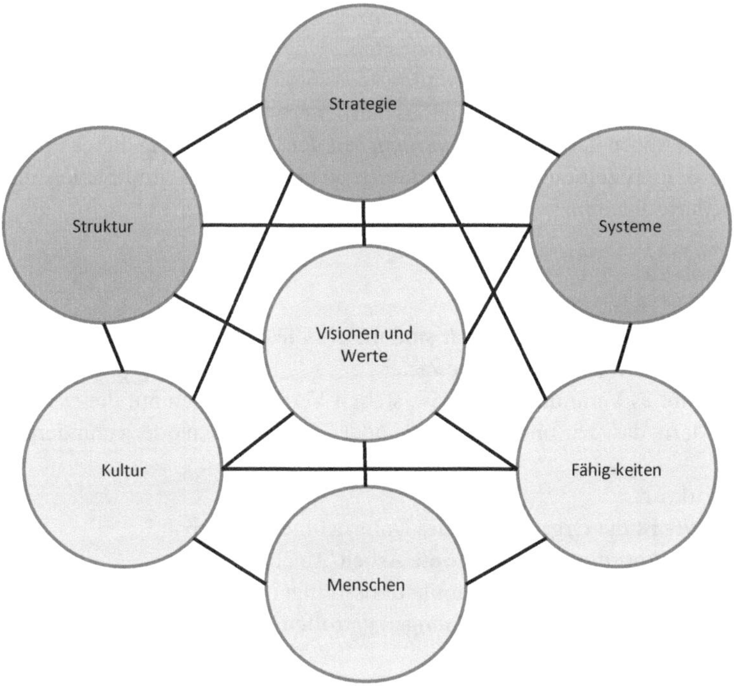

Für was stehen die Elemente eines Unternehmens oder einer Organisation?
Die **harten Elemente** sind:

- **Strategie**: Die konkreten langfristigen Ziele und Pläne, die verfolgt werden.
- **Struktur**: Die Organisation, die Verantwortlichkeiten und die Beziehungen, die festlegen, wie die Arbeit organisiert wird.

- **Systeme**: Die Aktivitäten und Prozesse einschl. der Kommunikation, der Entscheidungsfindung und der Kontrollsysteme.

Die **weichen Elemente** sind:
- **Visionen und Werte**: Gemeinsame Überzeugungen und Werte, die die Grundlage für das Verhalten der Menschen im Unternehmen bilden.
- **Kultur**: Die Unternehmenskultur und der Führungsstil, die das Verhalten der Beschäftigten prägen.
- **Menschen**: Die Beschäftigten und ihre Fähigkeiten, Motivation und Erfahrungen.
- **Fähigkeiten**: Spezielle Kompetenzen, Spezialisierungen und Begabungen oder Talente der Beschäftigten.

Um die sieben Elemente herauszuarbeiten, können nachfolgende Fragestellungen herangezogen werden. Mit der Beantwortung dieser **Fragen zu den einzelnen Elementen** lassen sich Handlungs- und Steuerungsbedarfe ableiten.

Strategie:
- Was ist unsere Strategie?
- Wie konkret und messbar sind unsere Ziele und Pläne?
- Wie erreichen wir unsere Ziele?
- Gibt es Veränderungen bzw. stehen Veränderungen an, die es erfordern, dass wir unsere Strategie oder Ziele anpassen oder verändern?

Struktur:
- Wie ist die Organisation des Unternehmens aufgebaut?
- Wie koordinieren wir unsere Arbeit/Abläufe?
- Wie sind unsere Kommunikationsstränge?
- Wo werden die Entscheidungen getroffen?

Systeme:
- Wie gut funktionieren die einzelnen Systeme? (Personal, Finanzen, Marketing, Controlling sowie Kommunikation nach innen und außen …)
- Wie wird die Funktionalität der Systeme geprüft bzw. überwacht?
- Gibt es Änderungs- und Korrekturbedarfe?

Visionen und Werte:
- Was sind die Grundwerte und was macht sie aus?

- Wie stark sind die Werte?
- Wie sieht die Teamkultur aus?

Kultur:
- Wie partizipativ ist der Führungsstil?
- Wie effektiv ist die Führung?
- Wird der Führungsstil akzeptiert?
- Wie kann die Unternehmenskultur beschrieben werden?

Menschen:
- Wie hoch ist die Zufriedenheit?
- Wie gut sind die Personalentwicklungsprozesse organisiert?
- Gibt es Weiterbildungsbedarfe und wenn ja, welche?
- Sind die Entscheidungsprozesse für die Beschäftigten erkennbar und werden sie akzeptiert?

Fähigkeiten:
- Welche Fähigkeiten sind vertreten?
- Gibt es herausragende, spezielle Fähigkeiten?
- Wie werden Fähigkeiten gefördert und ausgebaut?
- Gibt es Defizite bei den Fähigkeiten?

Beispiel: IKEA – harte und weiche Elemente

- **Strategie**

IKEA verfolgt eine **Preisstrategie**: hochwertige und funktionale Möbel zu niedrigen Preisen durch effiziente Produktion und Lieferketten mit Selbstmontage der Kunden.

- **Struktur**

IKEA hat eine dezentrale Struktur mit vielen autonomen Landesgesellschaften, die an die zentrale Unternehmensstrategie angepasst sind. Die Matrixstruktur ermöglicht lokale Anpassung bei globaler Steuerung.

- **Systeme**

IKEA verfolgt effiziente Logistiksysteme. Es nutzt Flachverpackungen und die Lager sind automatisiert. Die IT-Systeme werden zur Bestandskontrolle und Kundenanalyse genutzt und in allen Filialen herrschen Self-Service-Systeme vor.

- **Visionen und Werte**

IKEA verfolgt das Ziel der Funktionalität, Qualität und Nachhaltigkeit ihrer Produkte zu einem niedrigen Preis. Nachhaltigkeit, Gemeinschaft und soziale Verantwortung werden betont. Die Kundenorientierung und Selbstverwirklichung werden durch das Angebot, den Rundumservice und die Vielfalt betont.

- **Kultur**
  IKEA verfolgt den Ansatz flacher Hierarchien und offener Kommunikation mit den Beschäftigten. Die Mitarbeiter werden partizipativ geführt und wertgeschätzt in ihren jeweiligen Aufgabengebieten.
  Zitat des Firmengründers Ingvar Kamprad:
  »IKEA ist nicht das Werk einer einzelnen Person. Es ist das Ergebnis der Zusammenarbeit vieler Köpfe und vieler Herzen über viele Jahre der Freude und der harten Arbeit hinweg.«
- **Menschen**
  IKEA fördert die Vielfalt und Inklusion bei seinen Beschäftigten und führt regelmäßige interne Förderungs- und Entwicklungsprogramme durch.
- **Fähigkeiten**
  IKEA besitzt die Fähigkeit globale Trends lokal umzusetzen und in einer großen Vielfalt funktionale Möbel mit besonderem Design zu entwickeln.

Mit der nachfolgenden **Arbeitshilfe** für euer Unternehmen könnt ihr erste Tendenzen herausarbeiten und Handlungsoptionen erkennen. Für breit aufgestellte und haltbare Ergebnisse der weichen Elemente bieten sich Beschäftigtenbefragungen an. Deren Ergebnisse liefern klare Anhaltspunkte, an welchen Stellen Korrekturen oder Neuausrichtungen notwendig sind. Beschäftigtenbefragungen sind insbesondere sehr wertvoll, wenn sie in regelmäßigen Abständen wiederholt werden. Damit kann überprüft werden, ob vorgenommene Veränderungen erfolgreich waren oder weitere Korrekturen nötig sind. Nutzt für die Arbeitshilfe alle euch bekannten und zur Verfügung stehenden Quellen, wie beispielsweise das Unternehmensleitbild, das Führungsleitbild, Ergebnisse von Beschäftigtenbefragungen etc. und prüft diese darauf, ob sie akzeptiert und gelebt werden.

Arbeitshilfe 7-Elemente nach McKinsey für euer Unternehmen

Harte Elemente

Strategie:

Struktur:

Systeme:

____

____

____

Weiche Elemente

Visionen und Werte:

____

____

____

Kultur:

____

____

____

Menschen:

____

____

____

Fähigkeiten:

____

____

____

4. Die Verknüpfung von externer und interner Analyse

Wenn ein Unternehmen sowohl externe als auch interne Einflussfaktoren miteinander verknüpft, entsteht ein ganzheitliches Bild seiner aktuellen Situation. So lassen sich interne Stärken und Schwächen gezielt mit den äußeren Chancen und Risiken in Beziehung setzen. Diese Perspektive ist besonders wertvoll, um die strategische Weiterentwicklung des Unternehmens fundiert zu begleiten.

Auch für euch als Betriebsratsgremium ist es hilfreich, diese Methoden zu kennen – denn sie ermöglichen euch, Entwicklungen besser einzuordnen und eure Mitgestaltung gezielt auszurichten.

An dieser Stelle möchten wir euch zwei bewährte Analyseinstrumente vorstellen, die genau dabei unterstützen:

- **Benchmarking** – der Vergleich mit anderen Unternehmen oder Branchenstandards, um Verbesserungspotenziale zu erkennen.

- **SWOT-Analyse** – die strukturierte Betrachtung von Stärken, Schwächen, Chancen und Risiken. Beide Methoden helfen dabei, Klarheit zu gewinnen und strategisch zu denken – mit dem Ziel, gemeinsam gute Lösungen für die Zukunft zu entwickeln.

a. Benchmarking

Benchmarking ist ein kontinuierlicher Prozess, bei dem die Leistungen eines Unternehmens (z. B. Produkte, Dienstleistungen oder Prozesse) mit den konkurrierenden Unternehmen verglichen werden. Ziel ist es, Leistungslücken zu finden und diese abzubauen. Dabei werden insbesondere herausragende Aktivitäten anderer Unternehmen (sogenannte Best Practices) untersucht, im Anschluss beim eigenen Unternehmen umgesetzt und nach Möglichkeit verbessert. Benchmarking kann man als »Vergleich von festgelegten Maßstäben« übersetzen.
Henry Ford ist wohl der erste erfolgreiche Anwender von Benchmarking, ohne dass er sich dessen bewusst war. Er hat mit seiner innovativen Fließbandtechnik die Arbeitswelt bis heute beeinflusst. Die Idee dazu hatte er von der Fleischverarbeitung übernommen, die schon im 18. Jahrhundert das Prinzip der zerlegenden Arbeitsschritte anwendete, in dem die geschlachteten Tiere zerlegt und schrittweise verarbeitet wurden, wobei jeder Arbeiter nur einen bestimmten Arbeitsschritt ausführte. Ford führte die Fließbandtechnik 1913 in seinen Automobilwerken ein und revolutionierte damit die automatisierte Produktion nachhaltig. Ganz nach der Maxime: Von den Besten lernen.
Am bekanntesten ist jedoch die Idee des US-Amerikanischen Technologie- und Dienstleistungsunternehmens Rank Xerox. Das 1906 gegründete Unternehmen produzierte in den ersten Jahren fotografisches Zubehör, wie Fotopapier. Mit der Entwicklung der Xerografie und der Einführung des ersten automatischen Bürofotokopierers 1959 verzeichnete das Unternehmen Rekordumsätze und nahm nahezu eine Monopolstellung ein. In den Folgejahren drangen immer mehr japanische Konkurrenzunternehmen auf den Markt. Dies führte in den 70er Jahren zu massiven Absatz- und Umsatzeinbrüchen bei Rank Xerox. Die Unternehmensleitung begann sich mit der Optimierung der eigenen Produkt- und Dienstleistungsangebote auseinanderzusetzen. Das Unternehmen entwickelte hierzu Analyseprozesse, mit denen sie sich mit der japanischen Konkurrenz verglich. Die darauffolgenden Optimierungen bei den Dienstleistungen, Produkten und Prozessen führten in der Folge zu einem wirtschaftlichen Erfolg, der Rank Xerox wieder an die Weltspitze der Technologie- und Dienstleistungsunternehmen aufrücken ließ. Danach etablierte das Unternehmen das Benchmarking dauerhaft in die eigene Unternehmenskul-

tur (Quelle: Corsten, Daniel/Gabriel, Christoph: Supply Chain Management erfolgreich umsetzen, 2. Aufl. 2004, Springer Verlag, S. 33–34).
Seitdem hat das Benchmarking seinen Siegeszug in die Unternehmen angetreten und ist eines der wichtigsten Analyseverfahren, mit denen Unternehmen sich mit Wettbewerbern (externe Analyse) und auch innerhalb ihres Unternehmens (interne Analyse) vergleichen.
Es gibt verschiedene Arten von Benchmarking, die Unternehmen nutzen können, um ihre Leistung zu verbessern:

- **Internes Benchmarking**: Internes Benchmarking bezieht sich auf den Vergleich von Prozessen und Kennzahlen innerhalb eines Unternehmens. Dabei werden Werke, Abteilungen oder Produkte miteinander verglichen, um Best Practices zu erkennen.
- **Externes Benchmarking**: Externes Benchmarking vergleicht das Unternehmen mit Wettbewerbern in der Branche.
- **Funktionales Benchmarking**: Funktionales Benchmarking vergleicht spezifische Bereiche oder Abteilungen branchenübergreifend miteinander, um neue Methoden oder Produktionsprozesse zu entdecken.
- **Competitive Benchmarking (Wettbewerbs-Benchmarking)**: Das Competitive Benchmarking konzentriert sich auf den Vergleich mit den stärksten direkten Wettbewerbern, mit deren Produkten, Arbeitsprozessen und/oder Strategien.
- **Strategisches Benchmarking**: Strategisches Benchmarking befasst sich mit der Analyse zukünftiger Trends, um auf Entwicklungen in der Branche reagieren zu können.

Mit dem Analyseinstrument Benchmarking können also jeweils ganz unterschiedliche Kennzahlen in den Blick genommen werden. Am häufigsten werden die Produktivität, der Umsatz, der Gewinn, die Kundenzufriedenheit, die Marktanteile und die Mitarbeiterzufriedenheit zum Vergleich herangezogen. Oft zu bearbeitende Themen sind beispielsweise:

- Sind unsere **Produkte oder Dienstleistungen** im Vergleich zu unseren Konkurrenten marktfähig? Wo stehen unsere Konkurrenten? Wie können wir das Produkt verbessern oder die Kosten senken?
- Sind wir mit unserer **Produktion** effektiv? Gibt es Verbesserungspotenziale bei unseren Produktionsmaschinen und in der Infrastruktur?
- Wie schneiden wir im Vergleich mit unseren Wettbewerbern bei unseren **Prozessen** (Arbeit, Beschaffung, Logistik, Vertrieb etc.) ab? Wie können wir die eigenen Prozesse optimieren oder neugestalten?
- Wo können wir Kosten einsparen?

Abbildung 9: Benchmarking-Prozess

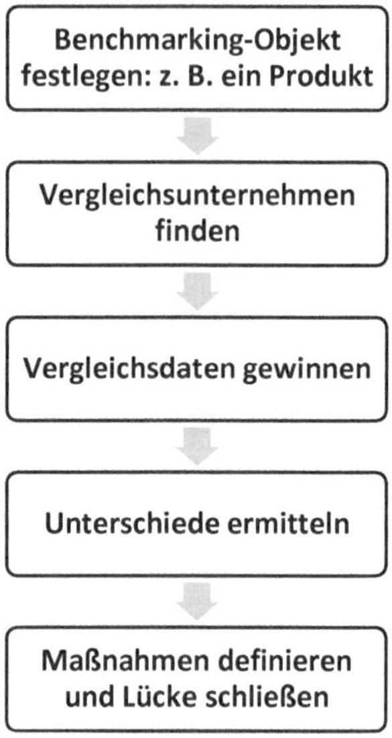

Deutsche Unternehmen nutzen das Benchmarking z. B. zur Effizienzsteigerung und Qualitätsverbesserung.
Nachfolgend haben wir einige **Beispiel-Benchmarkings deutscher Unternehmen** aufgelistet:

Abbildung 10: Beispiel-Benchmarkings deutscher Unternehmen

Unternehmen	Anwendungsbereich für das Benchmarking
Bosch, Siemens	Vergleich von Produktionsstandorten und technischen Lösungen
Viessmann	Optimierung der Lieferkette und interner Prozesse
dm	Verbesserung der Kundenzufriedenheit durch Filialvergleiche
Heidelberg Materials	Analyse der Marktanteile in der Zementproduktion und neue nachhaltige Herstellungsverfahren

Benchmarking kann also zur Optimierung und Verbesserung von Produktionsabläufen, Produkten, Arbeitsprozessen, Kunden- und Mitarbeiterzufriedenheit usf. beitragen, in dem das Unternehmen aus den

Vergleichen und Best Practices lernt und diese im eigenen Unternehmen einführt oder umsetzt.
Allerdings bietet Benchmarking nicht nur Vorteile, sondern es gibt auch Nachteile, die es zu beachten gilt. Oftmals ist eine direkte Vergleichbarkeit mit einem Wettbewerber nicht gegeben, weil die Unternehmen unterschiedliche Rahmenbedingungen haben. Eines der größten Hindernisse ist, an die passenden Daten und Kennziffern zu kommen. Sind diese nicht aktuell, dann ist eine direkte Vergleichbarkeit schon nicht mehr gegeben. Und es besteht immer die Gefahr, ein vermeintlich gutes Beispiel bzw. Best Practice zu übernehmen, ohne die eigenen Rahmenbedingungen ausreichend zu berücksichtigen. Damit einhergehend besteht die Gefahr, unrealistische Ziele zu verfolgen.
Ein Unternehmen muss also gut abwägen, ob und welches Benchmarking wirklich hilfreich sein kann. Darüber hinaus ist es ratsam ein Benchmarking in regelmäßigen Abständen und nicht nur einmalig durchzuführen. Bei einem Benchmarking handelt es sich um einen fortlaufenden Prozess, der beispielsweise eine kontinuierliche Leistungssteigerung gewährleisten und abbilden soll.

b. SWOT-Analyse

Die SWOT-Analyse wurde in den 60er Jahren an der Harvard Business School entwickelt. Sie ist eines der ersten Analysewerkzeuge, die das Unternehmensumfeld mit einbezieht. Mit ihr werden sowohl die internen als auch die externen Faktoren eines Unternehmens systematisch analysiert, um im Anschluss eine Strategie zu entwickeln bzw. eine bestehende Strategie zu überprüfen.

Abbildung 11: SWOT-Analyse-Modell

SWOT steht für die englischen Begriffe

Strengths (Stärken),

Weaknesses (Schwächen),

Opportunities (Chancen),

Threats (Risiken).

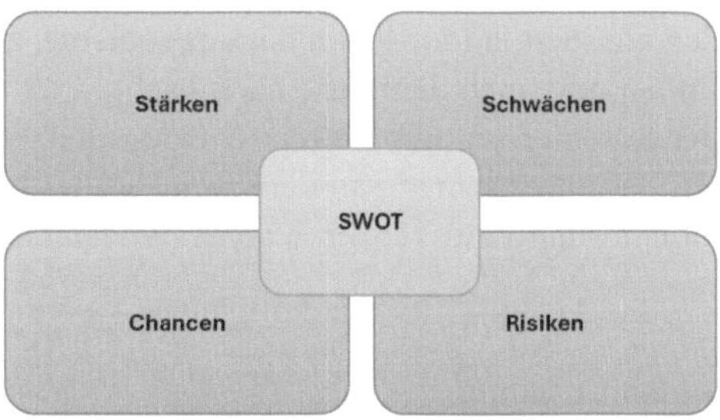

Mit den internen Faktoren werden die Stärken und die Schwächen im Unternehmen untersucht. Mit den externen Faktoren wird das Umfeld untersucht, also die Chancen und Risiken, denen das Unternehmen ausgesetzt ist.
In einem ersten Schritt werden die internen Stärken und Schwächen analysiert und erst im zweiten Schritt werden die externen Einflüsse, die Chancen und Risiken erfasst. Diese Analyseform bietet sich an, um beispielsweise Ideen oder Lösungsansätze noch in der Planungsphase gezielt zu analysieren. Die Ergebnisse bieten eine gute und für alle Beteiligten nachvollziehbare Entscheidungsgrundlage.
Wichtig ist, den Zweck der Analyse im Vorfeld genau zu bestimmen. Also beispielsweise:

- Wie können Arbeitsprozesse vereinfacht werden durch die Einführung von Digitalisierung?
- Wie können wir mit einer Marketingstrategie unseren Kundenstamm erweitern?
- Wie bauen wir einen Onlinehandel (E-Commerce) für bestimmte Produktlinien auf?
- Wie sollten wir unsere bisherige Rekrutierungsstrategie verändern, um auch in Zukunft die, auf dem Arbeitsmarkt knapper werdenden, Fachkräfte gewinnen zu können?

Wenn die internen und externen Faktoren erfasst sind, lassen sich hieraus konkrete Maßnahmen entwickeln:

- Wie können vorhandene Stärken ausgebaut werden?
- Wie können Schwächen reduziert werden?
- Wie können festgestellte Risiken vermieden oder umgangen werden?
- Wie können mögliche Chancen gezielt genutzt werden?

Das nachfolgende **Beispiel eines kleinen Maler- und Lackiererbetriebes**, der massive Probleme hat, Fachkräfte zu finden, verdeutlicht den Einsatz einer SWOT-Analyse und deren Möglichkeiten:
Der Betriebsinhaber ist Malermeister und führt den Betrieb seit 20 Jahren. Er beschäftigt sechs Gesellen und bildet aktuell einen Auszubildenden aus. Seit Jahren schon hat er Probleme, geeignete Auszubildende zu finden und auch die Suche nach Fachkräften gestaltet sich schwierig. In den kommenden fünf Jahren scheiden altersbedingt zwei seiner Gesellen aus. Wenn er seinen Kundenstamm weiter bedienen und gar ausbauen möchte, dann muss er die ausscheidenden Gesellen ersetzen.

	Stärken	Schwächen
Interne Faktoren	• anerkannter Handwerksbetrieb • familiäres Betriebsklima • zuverlässiges Arbeitsteam • vielfältige Aufgabenbereiche mit hoher Fachkompetenz	• Ausbildungsberuf nicht attraktiv • Homeoffice nicht möglich • wenig Flexibilität in der Arbeitszeitgestaltung
	Chancen	**Risiken**
Externe Faktoren	• Weiterbildungen zum Erlernen besonderer Techniken anbieten • Nachhaltigkeit: Einsatz von ökologischen Materialien • Anreize schaffen: betriebliche Altersversorgung, flexible Arbeitszeiten • Ansprache über soziale Medien	• Konkurrenz durch größere Betriebe • Veränderte Erwartungen der jungen Generation nach Work-Life-Balance, Homeoffice, flexiblen Arbeitszeiten

c. Strategische Vorausschau einer Analyse: Die Szenario-Technik

Eine besondere Form der Analyse stellt die **Szenario-Technik** dar. Streng genommen ist sie eine **Prognosemethode**, mit der mögliche zukünftige Entwicklungen gedanklich vorweggenommen, analysiert und möglichst zusammenhängend beschrieben werden. Wir entwickeln also Zukunftsbilder, wie sich ein Trend in der Zukunft entwickeln könnte und leiten daraus ab, wie sich unser Unternehmen strategisch aufstellen muss, um weiterhin erfolgreich zu arbeiten.

Die Szenariotechnik ist ein Instrument der Zukunftsforschung und wird neben der strategischen Unternehmensplanung gerne auch in der Forschung und Politik eingesetzt. Hierbei geht es nicht darum, mögliche zukünftige Entwicklungen präzise vorherzusagen, sondern der Fokus liegt darauf, die vielfältigen Möglichkeiten zukünftiger Entwicklungen frühzeitig zu erkennen, um sich darauf vorzubereiten.

Wenn man alle Aspekte eingrenzen oder abschätzen will, dann müsste man jeden einzelnen Einflussfaktor und Treiber der Entwicklung in die Zukunft projizieren und vorhersagen. Dabei kommt man schnell an einen Punkt, an dem man sich verzetteln kann.

Mit den nachfolgenden Fragen kann man dem Prozess eine Struktur geben.

- Welche Einflussfaktoren spielen überhaupt eine wichtige Rolle?
- Wie werden sich diese Einflussfaktoren in den nächsten Jahren entwickeln?
- Welche Auswirkungen werden alternative Entwicklungen oder Umbrüche auf das Unternehmen haben?

Die **Unsicherheit** steigt also mit der zeitlichen Perspektive und Langfristigkeit der Szenario-Technik sowie mit der zunehmenden Zahl von Alternativen und deren Kombinationsmöglichkeiten.

Um diese zunehmende Unsicherheit und die vielen möglichen Entwicklungswege visuell darzustellen, wird bei dieser Technik das Bild des **Szenario-Trichters** verwendet (siehe Abbildung 12).

Abbildung 12: Szenario-Trichter

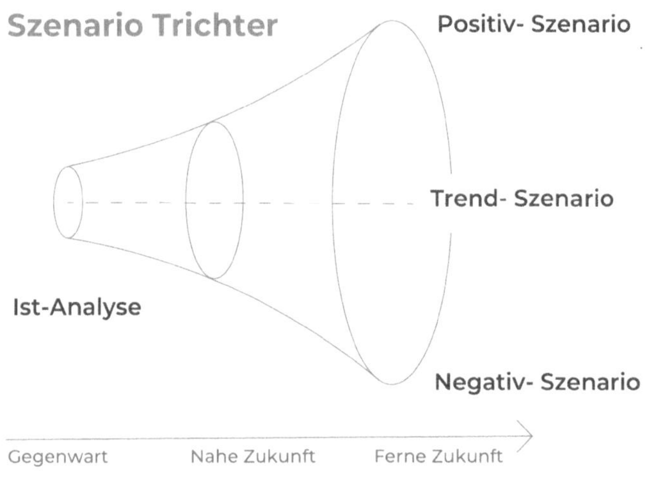

(Quelle: *Christian H. Meyer* in Anlehnung an Albers & Broux, 1999)

Der Szenario-Trichter verdeutlicht das Prinzip der Szenario-Technik. Je weiter man in die Zukunft schaut, desto mehr Zukunftsbilder sind möglich.

Der **Szenario-Trichter** stellt den Prozess bildlich dar. Die nahe Zukunft ist noch einigermaßen gut einschätzbar. Desto weiter wir in die Zukunft blicken, desto größer wird der Trichter und desto schwieriger sind mögliche Szenarien zu beschreiben. Am Ende werden drei Szenarien erarbeitet:

- Das **Positiv-Szenario**, also die bestmögliche zukünftige Entwicklung.
- Das **Negativ-Szenario**, die schlechtmöglichste Entwicklung in der Zukunft.

- Das **Trend-Szenario** ist das Bild der Zukunft, wenn alles weiter seinen gewohnten Gang geht.

Wie setzen wir die Szenario-Technik effektiv ein?
Man kann diesen Prozess in **drei Phasen** gliedern, bevor man in die Planungs- und Entscheidungsphase übergeht:

1. Analysephase
2. Entwicklung der Szenarien
3. Auswertung der Ergebnisse

Im **ersten Schritt** geht es darum, die zentrale Fragestellung oder das konkrete Problem, das bearbeitet werden soll, klar und verständlich zu formulieren. Je präziser dieser Ausgangspunkt definiert ist, desto gezielter kann die Analyse erfolgen. Anschließend wird die aktuelle Situation des Unternehmens betrachtet – unter Berücksichtigung der bestehenden Ziele und Strategien. Hier bietet sich zum Beispiel die SWOT-Analyse an, mit der interne Stärken und Schwächen sowie externe Chancen und Risiken systematisch herausgearbeitet werden können. Parallel dazu sollte ein zeitlicher Rahmen festgelegt werden. Für welchen Zeitraum sollen die möglichen Entwicklungen und Szenarien betrachtet werden? Zur Analysephase gehört auch, zukünftige Trends und Veränderungen zu sammeln und einzuschätzen. Insbesondere solche, die heute bereits absehbar sind und das Unternehmen künftig beeinflussen könnten.
Im **zweiten Schritt** werden auf Basis dieser Erkenntnisse verschiedene Szenarien entwickelt und beschrieben. Diese Szenarien helfen dabei, unterschiedliche Zukunftsbilder zu entwerfen und mögliche Entwicklungen greifbar zu machen.
Im **dritten Schritt** folgt die Auswertung. Welche Szenarien sind besonders wahrscheinlich oder relevant? Welche Risiken und Chancen ergeben sich daraus? Und vor allem: Welche **Handlungsoptionen** lassen sich daraus ableiten, sowohl für das Unternehmen als auch für euch als Betriebsrat?

Am **Megatrend Demografie** haben wir nachfolgend ein **Beispiel eines Mittelständlers** erstellt:

Fragestellung:
Wie wirkt sich der demografische Wandel auf die Wettbewerbsfähigkeit und das Geschäftsmodell unseres Unternehmens bis 2040 aus?

Ist-Situation:
Es zeichnet sich bereits seit einigen Jahren ab, dass es immer herausfordernder wird, geeignete Auszubildende und Fachkräfte – insbesondere für den technischen Bereich – zu gewinnen.

Einschätzung künftiger Entwicklungen:
Die Entwicklung der Geburtenrate ist immer noch rückläufig, auch wenn sich der Abwärtstrend inzwischen bei ca. 1,3 Kinder pro Frau eingependelt hat. Die Frauenerwerbsquote konnte in den vergangenen 20 Jahren um rund 16 % auf 74 % gesteigert werden. Damit liegt der Anteil der erwerbsfähigen Frauen nur noch 6 % hinter dem der Männer. Allerdings arbeitet immer noch fast jede zweite Frau in Teilzeit (49 %). Dies ist insbesondere auf einen Mangel an Kinderbetreuungsplätzen zurückzuführen. Die Zahl der Arbeitsmigration steigt in den letzten Jahren kontinuierlich und liegt aktuell bei rund 60 000 Menschen pro Jahr. Es ist davon auszugehen, dass die Politik weitere Maßnahmen ergreifen wird, um diese Zahlen zu steigern, in dem weitere Hürden abgebaut werden. Bei den geflüchteten Menschen, die einen anerkannten Status haben, gestaltet sich die Eingliederung in den Arbeitsmarkt allerdings schwierig und langwierig. Auch hier wären weitere politische Anstrengungen nötig.

Drei Szenarien:
- **Positiv-Szenario:** Die Regierung investiert große Summen in den Ausbau von Krippen-, Kita- und Hortplätzen und den Ausbau von Ganztagsschulen. In 10 Jahren ist die Betreuung aller Kinder von der Krippe bis zum Schulende gewährleistet. Es gibt umfangreiche Begleit- und Förderprogramme, um insbesondere Kinder aus sozial schwachen Familien optimal zu fördern. Das Ziel: jedes Kind hat einen Schulabschluss wird konsequent verfolgt. Die Zahl der Schulabgänger ohne Ausbildungsplatz konnte bis 2040 von 250 000 Schülern fast auf Null reduziert werden. Mit diesen Maßnahmen wurde der Anteil der teilzeitbeschäftigten Frauen auf das Niveau der Männer (13 %) reduziert. Zudem ist die Geburtenrate pro Frau auf 1,7 Kinder gestiegen. Die Zahl der Erwerbsmigration konnte auf 190 000 pro Jahr gesteigert werden. Die Integration anerkannter Flüchtlinge wurde optimiert und stark angehoben. Alle diese Maßnahmen inkl. des Ausbaus der Digitalisierung in allen Wirtschaftsbereichen hat den Ausbildungs- und Fachkräftemangel beseitigt.
- **Negativ-Szenario:** Die Politik hat bis auf einige wenige Maßnahmen kaum Anstrengungen unternommen, dem Ausbildungs- und Fachkräftemangel etwas entgegenzusetzen. Mit dem Eintritt der letzten

Babyboomer in die Rente hat sich das Arbeitskräftepotenzial nochmals um 3 Mio. verringert. Die Erwerbstätigenquote der Frauen ist gesunken und der Anteil der teilzeitbeschäftigten Frauen ist gestiegen, weil es weniger Betreuungsplätze für Kinder aufgrund des gestiegenen Fachkräftemangels in Kitas und Schulen gibt. Die Zahl der Erwerbsmigration ist ebenfalls aufgrund gestiegener Fremdenfeindlichkeit und Ressentiments gegenüber ausländischen Mitbürgern gesunken. Bei der Eingliederung von anerkannten Flüchtlingen hat sich nichts getan.

- **Trend-Szenario:** Durch die Umsetzung und Fortführung der geplanten politischen Maßnahmen in der Betreuung, Bildung, bei der Erwerbsquote, Erwerbsmigration und Aktivrente konnte die negative Entwicklung auf dem Ausbildungs- und Fachkräftemarkt gebremst werden. Aber all diese Maßnahmen einschl. der flächendeckend umgesetzten Digitalisierung konnte den Bedarf an Auszubildenden und Fachkräften bis 2040 nicht kompensieren. Somit hat sich der heutige Mangel noch einmal gesteigert, was zu einem noch größeren Wettbewerb um Nachwuchs- und Fachkräfte führt.

Auswertung der Ergebnisse:

- Im **Positiv-Szenario** zeigt sich, dass das Unternehmen gut aufgestellt ist. Es besteht aktuell kein akuter Handlungsbedarf, zusätzliche Maßnahmen zur Gewinnung von Nachwuchs- und Fachkräften zu ergreifen. Bestehende Strategien greifen und die Situation ist stabil.
- Im **Negativ-Szenario** hingegen wäre dringender Handlungsbedarf gegeben. Es müsste auf allen Ebenen geprüft werden, wie das Unternehmen dem Verlust von Fachkräften begegnen kann. Denkbare Optionen wären etwa der verstärkte Einsatz neuer Technologien wie Automatisierung und Künstliche Intelligenz, eine mögliche Verlagerung von Unternehmensstandorten ins Ausland oder sogar die Entwicklung neuer Geschäftsmodelle, die mit weniger Personal auskommen.
- Das **Trend-Szenario** zeigt eine gemischte Entwicklung mit Herausforderungen, aber auch Chancen. Hier könnten neue Ansätze zur Fachkräftegewinnung und -bindung sinnvoll sein: innovative Rekrutierungswege, attraktive Weiterbildungsangebote, gezielte Entwicklungsmöglichkeiten für Mitarbeitende sowie besondere Zusatzleistungen, die das Unternehmen im Wettbewerb um Talente hervorheben.

Mit diesen Szenarien als Grundlage kann das Unternehmen in die **Planungs- und Entscheidungsphase** eintreten und gezielt Maßnahmen ableiten, um zukunftsfähig zu bleiben.

V. Ziele und Strategie festlegen

1. Dreisprung: Vision, Ziele, Strategie

Bei euren Analysen im letzten Kapitel ist deutlich geworden, dass sich das Unternehmen in einer komplexen und dynamischen Welt bewegt. Märkte verändern sich, neue Wettbewerber treten auf, technologische Entwicklungen verändern die Branche. Die Kundenbedürfnisse wandeln sich. Die rechtlichen, politischen und ökologischen Rahmenbedingungen sind schwer vorhersehbar. Insgesamt sind zukünftige Entwicklungen teilweise nicht eindeutig vorauszusagen.

Trotzdem oder gerade deshalb muss das Unternehmen seine Strategie festlegen. Das gilt genauso für den Betriebsrat. Nur so ist es möglich eine rote Linie und klare Ausrichtung bei der Arbeit zu haben. Kurzfristig auf Probleme zu reagieren, führt dazu, dass man die großen, für die Zukunft wirklich wichtigen Themen aus dem Auge verliert. Ihr reagiert dann nur noch, ohne eure eigenen wichtigen Themen nach vorne zu bringen.

Allerdings gibt es wesentliche Unterschiede zwischen der Strategie des Unternehmens und des Betriebsrats. Eure Strategie muss sich von der Unternehmensstrategie unterscheiden. Sie steht aber nicht im Widerspruch zu ihr. Vielmehr ergänzt sie die Unternehmensplanung. Eure Strategie muss die Interessen der Beschäftigten systematisch berücksichtigen und die Strategie des Unternehmens kritisch bewerten, um eure Themen für die Zukunft einzubringen.

Indem ihr eure Arbeit strategisch ausrichtet, erhöht ihr eure Wirksamkeit erheblich. Ihr werdet nicht zum Verwalter von Problemen, sondern zum aktiven Gestalter der Arbeitswelt im Unternehmen. Damit leistet ihr nicht nur einen Beitrag zur Sicherung guter Arbeitsbedingungen, sondern auch zur langfristigen Stabilität des Unternehmens.

Nachfolgend ein beispielhafter Überblick über die Unterschiede zwischen Betriebsrats- und Unternehmensstrategie:

- **Zielrichtung:**
  Die **Unternehmensstrategie** richtet ihren Fokus auf den langfristigen wirtschaftlichen Erfolg des Unternehmens aus. Dabei stehen beispielsweise Ziele und Maßnahmen zum Erhalt und Ausbau der Wettbewerbsfähigkeit im Vordergrund. Die Strategie beantwortet die Frage, in welchen Märkten welche Marktanteile erreicht werden sollen. Insbesondere werden auch Renditeziele festgelegt und Maßnahmen, um diese Renditen zu erreichen. Das Investitionsbudget wird in der Strategie verteilt.

Die **Betriebsratsstrategie** fokussiert ergänzend auf den Schutz der Beschäftigten. Sie kann eigene Ideen, Maßnahmen und Ziele entwickeln, um Arbeitsplätze zu erhalten oder zu schaffen. Der Bereich der gesunden und motivierenden Arbeitsbedingen sollte auch geplant werden. Die Betriebsratsstrategie sollte Ziele und Maßnahmen zur Förderung und Entwicklung der Beschäftigten enthalten. Je nach Umfeld ist es auch wichtig festzulegen, wie die Mitbestimmung gesichert und auf Augenhöhe mit der Geschäftsleitung agiert werden kann.

- **Bezugsrahmen:**
  Die **Unternehmensstrategie** stellt Märkte und ihre Entwicklung in den Mittelpunkt. Es wird festgelegt, welche Märkte mit welchen Produkten bedient werden sollen. Die Strategie gibt Auskunft darüber, welche Kunden mit welchen Maßnahmen erreicht werden sollen. Zusätzlich werden auch Ziele für die Finanzierung des Unternehmens festgelegt. Es werden z. B. Aktivitäten beschrieben, die sicher stellen, dass Banken und Investoren die Entwicklung des Unternehmens durch Fremdkapital begleiten.
  Die **Betriebsratsstrategie** beschreibt im Schwerpunkt ergänzend Ziele und Maßnahmen, die die Beschäftigten und deren Interessen betreffen. Die strategische Personalplanung des Unternehmens muss im Rahmen der Betriebsratsstrategie hinterfragt und mit eigenen Schwerpunkten versehen werden. Markt- und Finanzierungsstrategien des Unternehmens werden analysiert, bewertet und dann bei Bedarf durch eigene strategische Ziele korrigiert.
- **Erfolgskriterien:**
  Die geplante Entwicklung von wirtschaftlichen und finanziellen Kennzahlen wie Gewinn, Umsatz, Produktivität, Cashflow wird in der **Unternehmensstrategie** festgelegt. Es werden Maßnahmen definiert, um die festgelegten Ziele zu erreichen.
  Bei der **Betriebsratsstrategie** stehen auf die Belegschaft bezogene Aspekte wie Beschäftigungssicherheit, Mitbestimmungsqualität, soziale Standards, Gesundheit der Mitarbeitenden im Vordergrund. Darüber hinaus muss sichergestellt werden, dass der Bedarf an qualifizierten Beschäftigten gedeckt wird. Hier sind Kennzahlen und Erfolgskriterien schwerer zu finden. Die Gesundheitsquote kann eine Zielgröße für ein gesundes und motivierendes Arbeitsumfeld sein. Hierzu könnte das Betriebsratsgremium proaktiv Maßnahmen und Programme definieren, die der Gesundheit und Zufriedenheit der Belegschaft dienen. Ein Ziel könnte sein, dass gemeinsam mit der Geschäftsleitung, eine regelmäßige Mitarbeiterbefragung durchgeführt wird, die Auskunft über die Zufriedenheit der Belegschaft gibt. Ziele, die sich auf die Sicherheit der Arbeitsbedingungen beziehen, können als Erfolgsmesser eine

Senkung der Unfallhäufigkeit haben. Die Einhaltung der Einstellungs- und Ausbildungsquoten, die im Rahmen der strategischen Personalplanung festgelegt werden, ist ebenfalls ein Erfolgskriterium.

- **Rollenverständnis:**
  Die **Unternehmensleitung** entscheidet und trägt Verantwortung gegenüber Eigentümern.
  Der **Betriebsrat** vertritt die Belegschaft und wirkt ausgleichend, indem er Arbeitnehmerinteressen mit den Unternehmensinteressen vermittelt. Er übernimmt zwar keine Verantwortung gegenüber den Eigentümern. Allerdings trägt der Betriebsrat auch Verantwortung für den wirtschaftlichen Erfolg des Unternehmens, da eine stabile wirtschaftliche Lage und Entwicklung des Unternehmens die Sicherheit der Arbeitsplätze garantieren können.

Zusammenfassend wird deutlich, dass sich das Rollenverständnis von Unternehmensseite und Betriebsrat im strategischen Prozess deutlich unterscheidet.
Bei der Entwicklung und Festlegung der Betriebsratsstrategie fügen sich die bereits behandelten Themen Vision, Werte und Analyse ineinander:

Abbildung 13: Strategische Ziele planen

Ihr habt eine eigene Vision entwickelt, die euch das große Ziel zeigt, auf das ihr langfristig gemeinsam hinarbeitet. Ihr habt Werte für die Zusammenarbeit entwickelt, die eine Arbeit auf Augenhöhe im Gremium, mit der Belegschaft und der Unternehmensleitung ermöglicht. Die internen und externen Analysen haben Handlungsfelder, Chancen und Risiken der nächsten Jahre aufgezeigt. Jetzt gilt es auf dieser Basis langfristige Ziele und konkrete Maßnahmen zu entwickeln, die sicher stellen, dass die Ziele erreicht werden.
Die **Vision** ist das eine **große Ziel**, das eure Arbeit beschreibt.
Langfristige Ziele legen fest, **was** ihr in Zukunft erreichen wollt.
Die **Strategie** legt fest, **wie** ihr die langfristigen Ziele erreichen wollt. Sie enthält die konkreten Maßnahmen, mit denen ihr das jeweilige Ziel erreichen wollt. In der strategischen Planung werden detaillierte Schritte zum Ziel festgelegt. Sie zeigt den Weg zum Ziel. Strategie und strategische Planung sind die Brücke, über die eure Vision und die langfristigen Ziele erreicht werden. Die Strategie enthält konkrete Zwischenziele und Maßnahmen, um die langfristigen Ziele zu erreichen. Der Weg zum langfristigen Ziel, wird so in detaillierte Meilensteine aufgeteilt. Umsetzbare, konkrete Maßnahmen werden festgelegt. Ihr plant, wie ihr das langfristige Ziel erreichen wollt. Erfolge werden durch die abgeschlossene Umsetzung der konkreten Maßnahmen sichtbar und messbar. Nachfolgend ein **Beispiel:**

a. Strategisches Ziel

Ein Betriebsrat setzt sich das strategische Ziel eine besonders mitarbeiterorientierte Unternehmenskultur im Betrieb zu etablieren. Sie soll geprägt sein von hoher Beschäftigungssicherheit, intensiver Weiterbildung und moderner Arbeitsorganisation.

b. Strategische Planung

Die strategische Planung konkretisiert, wie dieses Ziel erreicht werden kann – etwa durch:

- Ausbau des Dialogs mit den Beschäftigten
  - Kurzfristige Ziele
    - Bedürfnisse der Belegschaft kennen und einbeziehen
    - Feedback zu Ideen erhalten
    - Verbesserung von Verständnis und Akzeptanz der Betriebsratsarbeit in der Belegschaft
  - Konkrete Aktionen
    - Monatliches Gespräch mit den Vertrauensleuten (sofern vorhanden)

    - Sprechstunde für Mitarbeiterinnen und Mitarbeiter einrichten und kommunizieren
    - Wöchentlicher Betriebsrundgang der Betriebsräte mit Gesprächen vor Ort
  - Verantwortliches Betriebsratsmitglied festlegen
- Abschluss von Betriebsvereinbarungen zu Qualifizierung und lebenslangem Lernen
  - Kurzfristige Ziele
    - Erstellung eines Konzepts zu den Inhalten der Betriebsvereinbarungen
    - Aufnahme von Gesprächen mit der Personal-/Geschäftsleitung
    - Abschluss der Verhandlungen zur Betriebsvereinbarung
  - Konkrete Aktionen
    - Arbeitsgruppe bilden
    - Entwurf der Betriebsvereinbarung fertigstellen
    - Termin mit der Personalleitung vereinbaren
    - Verhandlungsstrategie vorbereiten
  - Verantwortliches Betriebsratsmitglied festlegen
- Aktive Mitgestaltung von Transformationsprozessen
  - Kurzfristige Ziele
    - Transformationsprozesse definieren (z. B. Digitalisierung, Nachhaltigkeit, Einsatz von Künstlicher Intelligenz)
    - Klares Bild der möglichen, zukünftigen Entwicklungen erstellen
    - Maßnahmen zur Gestaltung der Transformation festlegen
  - Konkrete Aktionen
    - Arbeitsgruppe bilden
    - Experten hinzuziehen (intern, Gewerkschaft, Beratung)
    - Betriebsratsmitglieder auf Vorträge und Seminare entsenden
    - Workshop zur Festlegung der Maßnahmen
    - Eigene Ziele festlegen
  - Verantwortliches Betriebsratsmitglied benennen
- Aufbau von Strukturen zur langfristigen Sicherung von Gesundheit und Work-Life-Balance
  - Kurzfristige Ziele
    - Risikobereiche mit hohem Gesundheitsrisiko ermitteln
    - Überblick zu den Wünschen der Belegschaft zur Work-Life-Balance erhalten
    - Krankenstand senken
  - Konkrete Aktionen
    - Wöchentliche Betriebsrunde der Betriebsräte mit Gesprächen vor Ort

  - Gespräch mit der Betriebskrankenkasse
  - Gesundheitszirkel bilden
  - Konkrete kurz- und mittelfristige Maßnahmen festlegen
- Verantwortliches Betriebsratsmitglied benennen

Diese strategische Planung ist für den Betriebsrat ein zentrales Instrument, um mit den komplexen Herausforderungen umzugehen. Sie verbindet Analyse, Zielsetzung und Handlung in einem strukturierten Prozess und sorgt dafür, dass die Arbeit der Betriebsräte eine klare Richtung einschlägt. Ohne klare Ziele bleibt die Arbeit des Betriebsrats reaktiv und unstrukturiert. Ohne Planung der konkreten Maßnahmen und ohne die Festlegung von Verantwortlichen bleiben Ziele reine Absichtserklärungen ohne Wirkung.

Abbildung 14: Abgrenzung Vision, Ziele, Strategie

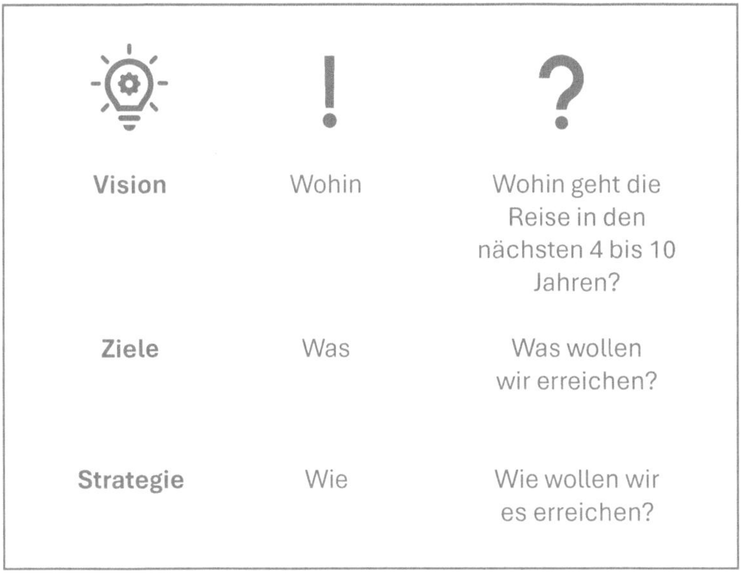

2. Ziele wirksam festlegen

In diesem Prozessschritt fügen wir Vision, Werte und Analyse zu strategischen Zielen und der Strategischen Planung zusammen. Schaut euch dazu nochmal die Abbildung 13 (Strategische Ziele planen) an.
Im ersten Schritt sollen strategische Ziele festgelegt werden. Also Ziele, die ihr in den nächsten Jahren erreichen wollt. Hierbei müssen wir auf die

Qualität der Ziele achten. Deshalb stellen wir euch eine Methode vor, die sicherstellt, dass ihr sinnvolle, anspruchsvolle und gleichzeitig erreichbare Ziele festlegt. Hierzu nutzen wir die sogenannte **SMART-Methode**, von der ihr vielleicht schon einmal gehört habt.
Die SMART-Methodik ist ein Konzept zur Festlegung von erreichbaren Zielen. Die Methodik hilft dabei, Ziele so zu formulieren, dass sie sowohl realistisch als auch motivierend sind. Die mit der Methode festgelegten Ziele sollen euch eine klare Orientierung für eure zukünftige Arbeit bieten. Die SMART-Methodik wird auch oft in der strategischen Planung von Unternehmen verwendet. Ihr könnt sie aber auch im privaten Bereich und bei eurer Arbeit im Betriebsratsgremium verwenden, um Ziele präzise zu formulieren und ihre Messbarkeit zu gewährleisten.
Die SMART-Methode wurde bereits in den 1980er Jahren von *George T. Doran*, einem US-amerikanischen Management-Experten, vorgestellt. In einem Artikel mit dem Titel »There's a S.M.A.R.T. Way to Write Management's Goals and Objectives« veröffentlichte er die Methode erstmals.
Sein Ziel war es, eine strukturierte und nachvollziehbare Methode zur Festlegung von qualitativ hochwertigen Zielen zu entwickeln (Quelle: *Doran, G. T.* (1981). There's a S.M.A.R.T. Way to Write Management's Goals and Objectives. Management Review, 70 (11), S. 35–36).

Wie funktioniert die SMART-Methodik?

Der Titel SMART setzt sich aus den Anfangsbuchstaben von fünf, im Original englischsprachigen, Begriffen zusammen. Jeder Buchstabe steht für ein Kriterium, welches ein Ziel erfüllen sollte:

- **S** steht für **S**pezifisch: Spezifisch bedeutet, dass ein Ziel klar und eindeutig formuliert sein muss. Es muss eindeutig festgelegt sein, was erreicht werden soll. Die Fragestellung lautet also: »Was genau möchte ich erreichen?«
- **M** steht für **M**essbar: Ein Ziel muss messbar sein, damit der Fortschritt überprüft werden kann. Im Idealfall wird eine messbare Größe festgelegt, mit der der Zielfortschritt gemessen werden kann. Manchmal kann eine solche Kennzahl nicht gefunden werden. In diesem Fall muss das Ergebnis, das vorliegen muss, wenn das Ziel erfüllt ist, detailliert formuliert werden. Die Frage hierbei ist: »Wie messe ich, dass das Ziel erreicht ist?«
- **A** steht für **A**usführbar oder im Original erreichbar/attainable: Ein Ziel sollte realistisch und erreichbar sein. Es sollte weder zu einfach zu erreichen noch unrealistisch schwer sein. Das Ziel sollte also durchaus anspruchsvoll sein. Allerdings nicht so ambitioniert, dass es in den nächsten Jahren nicht erreicht werden kann. Die entscheidende Frage

ist: »Ist es unter den gegebenen Umständen möglich, dieses Ziel zu erreichen?«

- **R** steht für **R**elevant: Das Ziel muss mit eurer Vision, also den übergeordneten Zielen in Einklang stehen. Es sollte also eine echte Bedeutung haben und beim Erreichen der Vision, also der übergeordneten Ziele, beitragen. Die entscheidende Frage lautet: »Warum ist dieses Ziel wichtig und was bedeutet es für die Arbeit des Betriebsrats, die Belegschaft und für das Unternehmen?«
- **T** steht für **T**erminiert: Eure Ziele sollten einen festgelegten Zeitpunkt haben, zu dem sie spätestens erreicht werden sollen. Diese Zeitbegrenzung sorgt durchaus für konstruktiven Druck. Sie ermuntert auch dazu, den Fortschritt kontinuierlich zu verfolgen. Die zentrale Frage lautet: »Wann soll das Ziel erreicht werden?«

Die Anwendung der SMART-Methodik erscheint im ersten Moment etwas aufwendig. Bei der Anwendung werdet ihr aber schnell merken, dass ihr die Kriterien nach kurzer Zeit automatisch verwendet und eure gemeinsamen Arbeitsergebnisse sich dadurch verbessern.

Die Spezifizierung von Zielen, also die klare und eindeutige Formulierung, wird eure Aufmerksamkeit auf das Wesentliche lenken. Das Ziel gibt euch Klarheit und Richtung. Nach der Festlegung des Ziels gibt es dadurch keine Diskussion darüber, was denn nun genau gemeint war. Diese Diskussion wird schon vorab bei der Zielfestlegung geführt. Die gemeinsame, klare Formulierung hilft auch bei der Festlegung der Maßnahmen, mit denen ihr das Ziel erreichen wollt.

Ein messbares Ziel ermöglicht eine objektive Bewertung des Fortschritts. Wenn das Ergebnis eindeutig beschrieben ist, wisst ihr genau, wann das erfolgreiche Erreichen des Ziels gefeiert werden kann. Ihr habt einen Gradmesser für den Erfolg eurer Arbeit. Das stärkt die Motivation im Gremium und entschädigt euch für die Zeit, die ihr in eure Arbeit investiert.

Die SMART-Kriterien sorgen dafür, dass die Ziele herausfordernd, aber erreichbar sind. Ihr vermeidet so Frustration und fördert das Engagement im Gremium. Es fällt den Betriebsratsmitgliedern dann auch leichter, Verantwortung für die Ziele zu übernehmen.

Konkretisieren wir die Methode an zwei Zielsetzungen:

Zunächst eine private Zielsetzung. Angenommen, jemand möchte in den nächsten sechs Monaten **10 Kilogramm abnehmen**. Ein SMARTes Ziel würde in diesem Fall im Detail folgendermaßen aussehen:

- **Spezifisch**: Ich möchte 10 Kilogramm abnehmen, um meine Gesundheit zu verbessern.

- **Messbar**: Ich werde mich regelmäßig wiegen und darauf achten, dass ich mein Gewicht um 10 Kilogramm reduziere.
- **Ausführbar/erreichbar**: Ich werde durch eine ausgewogene Ernährung und regelmäßiges Training mein Gewicht reduzieren. Dies ist realistisch, da ich bereits mit gesunden Mahlzeiten und regelmäßigen Besuchen in einem Fitnessstudio angefangen habe. Erste Erfolge habe ich schon erzielt. Meine Familie unterstützt mich bei dem Ziel.
- **Relevant**: Das Abnehmen ist wichtig für meine Gesundheit und mein Wohlbefinden. Ein niedrigeres Körpergewicht wird meine Lebensqualität erhöhen und mein Risiko für gesundheitliche Probleme verringern. Meine Familie unterstützt mich aktiv bei der Umsetzung.
- **Terminiert**: Ich möchte mein Ziel innerhalb von sechs Monaten erreichen, also bis zum 1. Mai. Danach möchte ich das reduzierte Gewicht dauerhaft halten.

Dieses Ziel erfüllt alle SMART-Kriterien und ist somit klar, erreichbar und messbar.

Das zweite Beispiel stammt aus eurem beruflichen Umfeld. Ein Betriebsratsgremium möchte die **Kommunikation** zwischen dem Betriebsrat und der Unternehmensführung **verbessern**. Die detaillierte Beschreibung des Ziels könnte so aussehen:

- **Spezifisch**: Wir möchten die Kommunikationskanäle zwischen dem Betriebsrat und der Geschäftsführung verbessern, indem wir monatliche Meetings mit der Geschäftsleitung organisieren.
- **Messbar**: Wir werden sicherstellen, dass die Vorsitzende des Betriebsrats sowie mindestens zwei weitere Betriebsratsmitglieder und ein Geschäftsführer an den Meetings teilnehmen. Die teilnehmenden Betriebsratsmitglieder und die Geschäftsführung werden vierteljährlich Feedback zum Gesprächsklima und zu den Ergebnissen geben.
- **Ausführbar/erreichbar**: Das gesamte Gremium unterstützt dieses Ziel. Die Geschäftsführung ist durch erste Gespräche bereits sensibilisiert und hat auch ein Interesse daran, die Kommunikation zu verbessern. Die zeitlichen Ressourcen sind auf beiden Seiten vorhanden.
- **Relevant**: Bessere Kommunikation fördert das Vertrauen zwischen den Mitarbeitern und der Führungsebene und trägt zu einer besseren Arbeitsatmosphäre bei. Dies passt zu unserer Vision und zu unseren Werten.
- **Terminiert**: Das erste Meeting wird in vier Wochen stattfinden. Danach soll es jeden Monat in der ersten Woche des Monats ein Meeting geben.

Auch hier wird das Ziel klar definiert, messbar und realistisch gestaltet.

Zusammenfassend kann man sagen: Die SMART-Methode ist eine strukturierte und bewährte Technik zur Zielsetzung, die es ermöglicht, sowohl private als auch berufliche Ziele effektiv zu formulieren und zu erreichen. Ihre klare Struktur stellt sicher, dass Ziele messbar und realistisch sind, was den Erfolg fördert und Motivation schafft.

Abbildung 15: SMART-Methodik zur Zielsetzung

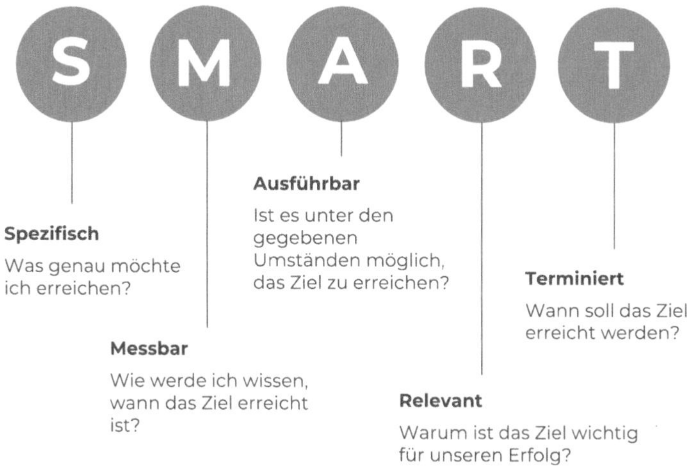

Mit dem Wissen über die SMART-Methode gehen wir nun in die nächsten Schritte, also in die praktische Umsetzung. Ihr benötigt dazu eure Arbeitsergebnisse zur Vision, eure festgelegten Werte und die Analysen aus den vorherigen Kapiteln. Am besten hängt ihr eure Vision, eure Werte und die Ergebnisse eurer Analyse an eine Wand oder breitet sie auf einem Tisch aus. So habt ihr einen guten Überblick über eure schon erarbeiteten Ergebnisse, mit denen wir nun eine konkrete Strategie in mehreren Schritten erarbeiten (siehe Abbildung 16).

Abbildung 16: Strategieprozess

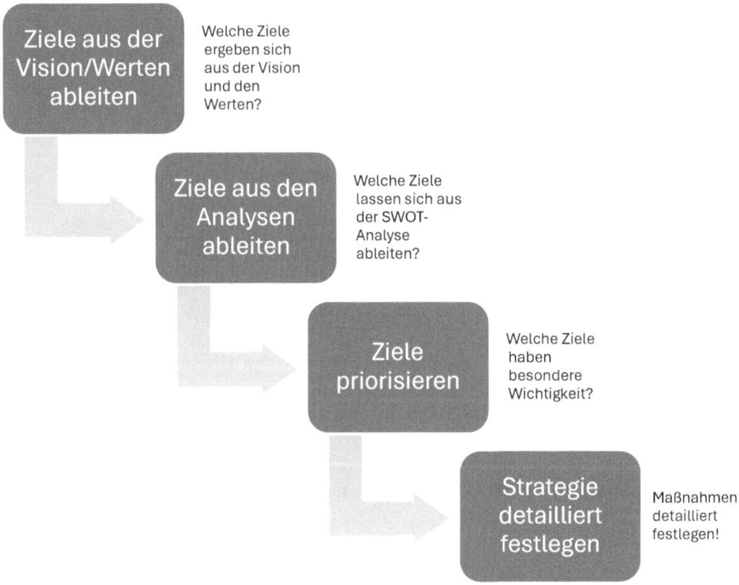

3. Ziele aus Vision und Werten ableiten

Um konkrete Ziele festzulegen, blicken wir nun auf unsere bisherigen Arbeitsergebnisse. Wir starten mit der Zieldefinition auf Basis der Vision. Schaut euch nochmal gemeinsam eure Vision an und macht euch klar, welche Inhalte ihr zur Vision zusammengefasst habt.
Wir gehen den Prozess im Folgenden mit unserem **Beispiel** aus Kapitel B.II. durch.
Die Vision und ihre Herleitung waren im Beispiel folgendermaßen:
Als Vision haben wir den Leitsatz »**Wir kämpfen für gesunde, sichere Arbeitsplätze mit fairer Bezahlung!**« erarbeitet.
Die darin enthaltenen »**gesunden Arbeitsplätze**« haben wir aus den Themengebieten

- moderne Absauganlagen
- regelmäßige Vorsorgeuntersuchungen
- festes Budget für Maßnahmen zur Arbeitssicherheit

hergeleitet.
Der Teil der Vision »**sichere Arbeitsplätze**« hat sich aus

- keine Verlagerung (Outsourcing) des internen Transports (Gabelstapler) an eine externe Firma

- Verbesserung des Ideenmanagements
- gezielte Weiterbildung
- festes, jährliches Budget für Investitionen in moderne Anlagen

ergeben.

Das dritte Themengebiet der Vision **»faire Bezahlung«** haben wir auch aus mehreren Unterpunkten ermittelt:

1. faire Entlohnung
2. höhere Löhne und Gehälter
3. besseres Prämiensystem
4. Zulagen für Springer

Um konkrete, smarte **Ziele** zu formulieren, wählt ihr nun einen Teil der Vision und einen der dazugehörigen Unterpunkte aus. Wir nehmen in unserem Beispiel

- den Visionsteil »faire Bezahlung« und
- den konkreten Unterpunkt »neues Prämiensystem«.

Beim weiteren Vorgehen helfen euch die **Fragen im SMART-Modell** in Abbildung 15.

Die erste Frage, die ihr euch zur Zielfestlegung stellen müsst, ist: Was genau möchten wir erreichen?

Hierzu analysiert ihr die derzeitige Situation und bewertet sie. In unserem Beispiel wären dies die Inhalte und Regeln, die euch am bestehenden Prämiensystem nicht gefallen. Daraus könnt ihr dann ableiten, was im neuen System besser sein soll.

Nehmen wir an, dass das bestehende Prämiensystem »gedeckelt« ist. Höhere Leistung und ein besseres Ergebnis wird belohnt und bezahlt, aber nur bis zu einem bestimmten Punkt. Darüber hinaus erbrachte Leistung wird nicht prämiert. Dies wird von den Mitarbeitenden, die eine Prämie erhalten als ungerecht empfunden. Das Ziel ist es also zu erreichen, dass die Deckelung aufgehoben wird.

Die zweite Frage im SMART-Modell ist: Wie werde ich wissen, wann das Ziel erreicht ist?

In diesem Fall ist keine Kennziffer erforderlich. Der Abschluss einer veränderten Betriebsvereinbarung zum Prämiensystem, in der die Deckelung aufgehoben wird, wäre die Messgröße für das Erreichen des Ziels.

Das SMART-Modell fragt dann nach der Ausführbarkeit: Ist es unter den gegebenen Umständen möglich, dieses Ziel zu erreichen?

Nehmen wir an, das Unternehmen ist in einer guten wirtschaftlichen Situation. Dann wäre es für euer Verhandlungsteam möglich, in Gesprächen mit der Geschäftsleitung die Unzufriedenheit der Mitarbeitenden zu thematisieren. Ihr könntet als Argumente neben der Ungerechtigkeit, auch das Risiko des Wechsels von guten Mitarbeitern zu einem anderen

Arbeitgeber in die Diskussion bringen. Die Antwort auf die Frage der Erreichbarkeit ist also mit »ja« zu beantworten.
Als nächstes stellt sich die Frage nach der Relevanz: Warum ist dieses Ziel wichtig für unseren Erfolg?
Da die Mitarbeitenden unzufrieden sind, wird die Beseitigung der Ungerechtigkeit ihre Wertschätzung für den Betriebsrat und das Unternehmen steigern.
Bleibt die Frage nach dem Termin. Hier muss ein Datum festgelegt werden, zu dem die Vereinbarung abgeschlossen sein soll.
Der **Prozess der Zielfestlegung auf Basis der Vision** sieht also **zusammengefasst** folgendermaßen aus:

1. Einen Teil der Vision auswählen
2. Ein konkretes Handlungsfeld benennen
3. Ein smartes Ziel formulieren
   a) Ist-Analyse des Problems: Was stört euch?
   b) Soll-Zustand festlegen: Wie soll es sein?
   c) Soll-Zustand als Ziel nach dem SMART-Modell formulieren

Bei der Zielfestlegung auf Basis der Vision ist der Blick auf das Unternehmen gerichtet. Bei der Definition von Zielen auf Basis eures neuen Wertesystems betrachtet ihr eure gegenwärtige Zusammenarbeit. Weicht die Art, wie ihr miteinander umgeht, teilweise von euren Werten ab? Falls ja, müsst ihr formulieren, wie die Zusammenarbeit zukünftig aussehen soll. Mit diesem neuen Bild der Zusammenarbeit könnt ihr dann das Ziel dazu nach der geschilderten Methode formulieren.
Beim strukturierten Vorgehen soll euch die folgende **Arbeitshilfe** unterstützen.

✎ Arbeitshilfe Ziele auf Basis der Vision festlegen

Für welchen Teil der Vision soll ein Ziel formuliert werden?
Benenne detailliert das konkrete Handlungsfeld!

Ist-Analyse:	Soll-Zustand:	Ziel formulieren:
Was stört?	Wie soll es sein?	Was erreichen?

4. Ziele aus der internen und externen Analyse ableiten

Nachdem ihr erste Ziele auf Basis eurer Vision und eurer Werte bestimmt habt, sollen nun weitere Ziele auf Basis der Analysen in Kapitel B.IV. festgelegt werden. Je nachdem, wie viele der Analysen ihr machen konntet, ist es nicht einfach die verschiedenen Ergebnisse zusammen zu fassen. Wir empfehlen für die Zusammenfassung die **SWOT-Analyse**. Sie ist ein gutes Hilfsmittel, um die interne Situation (also die Stärken und Schwächen des Unternehmens) mit dem externen Umfeld (Chancen und Risiken) systematisch zu bewerten. Indem ihr die verschiedenen Ergebnisse der Analysen in die SWOT-Systematik einordnet, könnt ihr feststellen, wo das Unternehmen heute steht und welche Chancen und Risiken vorhanden sind. Daraus könnt ihr strategische Handlungsfelder und Ziele für das Betriebsratsgremium ableiten.

Zur Erläuterung wollen wir wieder mit einem konkreten **Beispiel** aus der Industrie arbeiten.

Fangen wir mit den Ergebnissen der internen Analysen an:

- **Stärken**: Bei den internen Analysen des Betriebsrats wurde festgestellt, dass das Unternehmen und die Mitarbeitenden sehr hohe Kompetenz im Bereich der Forschung und Entwicklung haben. In den letzten Jahren wurden mehrere neue, umweltfreundliche Produkte entwickelt. Die Produkte sind im Markt bereits sehr erfolgreich. Eindeutig eine Stärke.
- **Schwächen**: Bei den Gesprächen des Betriebsrats mit Führungskräften in der zweiten Führungsebene wurde allerdings auch deutlich, dass die Produktionsanlagen veraltet sind und Investitionen fehlen. Eine interne Schwäche.
- **Chance/Risiko**: Bei der Betrachtung des Umfelds und der Megatrends ist der Wunsch der Kunden nach umweltfreundlichen Produkten und CO^2-armer Produktion deutlich geworden. Der Wunsch nach umweltfreundlichen Produkten ist eindeutig eine Chance, da die neu entwickelten Produkte alle sehr umweltfreundlich und grün sind. Durch die veralteten, wenig umweltfreundlichen Produktionsanlagen wird dieser Kundenwunsch aber auch gleichzeitig zum Risiko.
- **Risiko**: Die Analyse des Umfelds hat auch ergeben, dass die demografische Entwicklung zu erhöhten Austritten in der Boomer-Generation führen wird, die nur schwer durch qualifizierte neue Arbeitskräfte ersetzt werden können. Ein Risiko.

Um einen besseren Überblick zu bekommen, tragen wir die Ergebnisse zunächst einmal in die SWOT-Matrix ein (siehe Abbildung 17).

Abbildung 17: SWOT-Matrix (Beispiel)

	Positiv	Negativ
Unternehmen	**Stärken** Starke F&E-Abteilung: Neuentwicklung umweltfreundlicher Produkte	**Schwächen** Veraltete Produktionsanlagen
Umfeld	**Chancen** Kunden wünschen umweltfreundliche Produkte	**Risiken** Demografischer Wandel führt zu Fachkräftemangel

Betrachten wir die Themen in der Matrix im Überblick, ergeben sich verschiedene, verbundene Handlungsfelder und damit Ziele für euer Betriebsratsgremium.

Die Kompetenz des Bereichs Forschung und Entwicklung muss auf jeden Fall erhalten werden. Allerdings macht die demografische Entwicklung dies schwierig.

Der Betriebsrat könnte **auf dieser Basis folgende Ziele** formulieren:

- **Strategische Personalplanung:** Die Geschäftsleitung muss vom Betriebsrat davon überzeugt werden, eine strategische Personalplanung zu erstellen. In dieser Planung muss analysiert werden, wann und in welchen Bereichen qualifizierte Mitarbeitende ausscheiden. Es muss ein Plan erstellt werden, wann Einstellungen durchgeführt werden. Die Planung muss regelmäßig mit dem Betriebsrat besprochen werden, um gemeinsam Maßnahmen festzulegen.
- **Forschung und Entwicklung (F&E):** Kompetenz der F&E-Abteilung müssen durch eine ausreichende Anzahl an qualifizierten Mitarbeitenden erhalten werden.
- **Personalmarketing-Konzept**: Gleichzeitig hat der Betriebsrat darauf hinzuwirken, dass ein gutes Personalmarketing-Konzept erstellt und umgesetzt wird.

Um die Fertigungsanlagen zu erhalten und ggf. auf neue, umweltfreundliche Produktionsverfahren umzurüsten muss investiert werden. Ein Ziel könnte sein, im Wirtschaftsausschuss des Unternehmens regelmäßig über geplante Investitionen und die damit verbundenen Maßnahmen informiert zu werden. So kann der Betriebsrat direkt Einfluss nehmen.

Das Vorgehen im Überblick

Zunächst ist es wichtig einen Überblick über die Ergebnisse der internen und externen Analysen und das damit neu erworbene Wissen zu gewinnen. Hierzu eignet sich die SWOT-Analyse. Ihr könnt dabei eure Ergebnisse in die vier Felder der SWOT-Matrix einordnen. So verschafft ihr euch einen guten Überblick.

Dieses Vorgehen ermöglicht es euch im Betriebsratsgremium über Chancen und Risiken von zukünftigen Entwicklungen zu diskutieren, was manchmal gar nicht so einfach ist.

Der Megatrend **Nachhaltigkeit** ist eine Chance, um neue umweltfreundliche Produkte in den Markt zu bringen und sich so von der Konkurrenz abzusetzen. Gleichzeitig kann Nachhaltigkeit auch ein Risiko für die in die Jahre gekommenen Produktionsanlagen sein. Beides muss diskutiert und bei der Zielfestlegung berücksichtigt werden.

Das gleiche kann beispielsweise für den Megatrend **Künstliche Intelligenz** (KI) gelten. Durch diese neue Technologie entstehen definitiv Risiken für heutige Arbeitsplätze. Allerdings entsteht auch eine Chance. Die Stellen älterer Mitarbeitenden, die in Rente gehen, können wegen der demografischen Entwicklung vielleicht nicht neu besetzt werden. Dadurch können notwendige Aufgaben nicht durchgeführt werden. Hier können KI-gestützte Systeme zukünftig einen Teil dieser Aufgaben übernehmen. Beide Seiten müssen im Betriebsratsgremium analysiert und diskutiert werden, um auf dieser Basis z. B. den Abschluss einer Rahmen-Betriebsvereinbarung zum Ziel zu definieren.

Man sieht, dass in diesen Spannungsfeldern die Diskussion und Bewertung der Analyseergebnisse sehr wichtig ist. Nur so könnt ihr sinnvolle Ziele festlegen. Beim Festlegen der Ziele empfiehlt sich auch hier die SMART-Zielmethodik.

Nach der Festlegung der Ziele ist noch ein weiterer kurzer Schritt erforderlich. Ihr solltet die Ziele abschließend mit eurer Vision abgleichen. So könnt ihr sicherstellen, dass ihr eure Vision und eure Werte nicht verletzt.

Einen **Überblick über den Prozess der Zielfestlegung auf Basis der Analysen** gibt euch die Abbildung 18.

Abbildung 18: Ziele aus den internen und externen Analysen ableiten

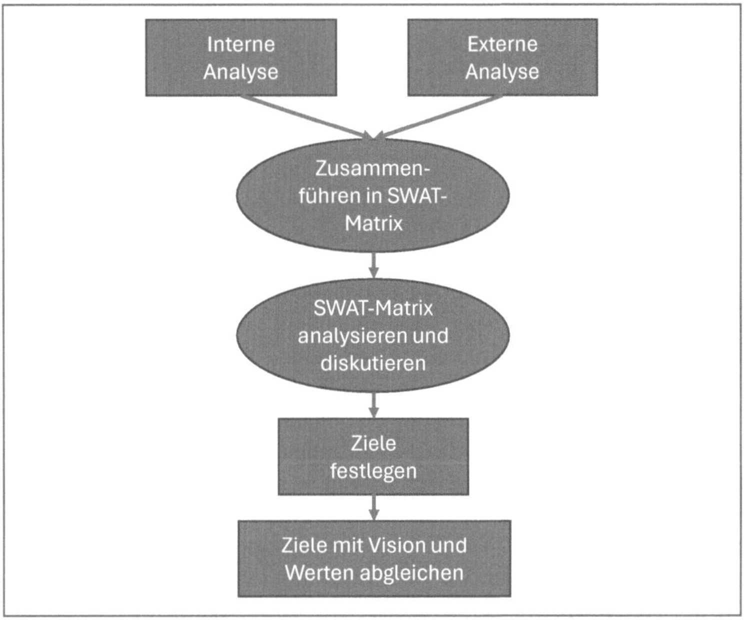

5. Ziele priorisieren

Die bisher gezeigte Methodik kann dazu führen, dass zahlreiche Ziele festgelegt werden. Euer Gremium kann aber nur eine überschaubare Anzahl von Themen gleichzeitig bearbeiten. Dies kann schnell zu Arbeitsüberlastung und Spannungen im Gremium führen. Themen werden dann wegen Überlastung nicht zu Ende bearbeitet und die Motivation sinkt. Für eine erfolgreiche Betriebsratsarbeit sind regelmäßige Erfolgserlebnisse sehr wichtig.

Wenn ihr die Ziele frühzeitig priorisiert und einen mittel- bis langfristigen Arbeitsplan aufstellt, vermeidet ihr Überlastungen. So könnt ihr die Themen schrittweise, auf Basis ihrer Priorität und nacheinander angehen. Als Zeitraum für die Priorisierung und Planung eignet sich beispielsweise die Wahlperiode des Betriebsratsgremiums.

Wir möchten euch im Folgenden eine praktikable Methode zur Priorisierung vorstellen.

Unser Vorgehen basiert auf der sogenannten **Eisenhower-Matrix**. Eine Methode, die nicht nur bei der Priorisierung von Zielen helfen kann. Sie kann auch bei der gesamten Betriebsratsarbeit helfen, den Überblick zu behalten.

Das Grundproblem eines Betriebsratsgremiums ist in der Regel, dass man zu viele Themen und zu wenig Zeit hat. Neben der Zeit, die ihr für die Umsetzung der strategischen Ziele benötigt, braucht ihr zusätzliche Zeit für die tägliche Arbeit (also beispielsweise Sitzungen, Ausschüsse, Gespräche mit der Belegschaft). Betriebsratsarbeit bedeutet oft, dauernd brennt es irgendwo. Um dabei den Überblick zu behalten und nicht zu verzweifeln, hilft die Eisenhower-Matrix. Sie unterstützt dabei die Frage zu beantworten: »Was ist wirklich wichtig?«

Dwight D. Eisenhower, ehemaliger US-Präsident und General, war angeblich einer der diszipliniertesten Entscheidungsträger seiner Zeit. Die Matrix kommt nicht von ihm, baut aber auf ein Zitat von ihm auf: »*Ich habe zwei Arten von Problemen: die dringenden und die wichtigen. Die dringenden sind selten wichtig, und die wichtigen sind selten dringend.*«

Gemeint war wohl, dass man seine Zeit nicht mit dem ständigen Löschen von Feuern und auch nicht mit unbedeutenden Dingen verbringen soll. Man soll sich mit den Themen beschäftigen, die langfristig wirklich zählen.

Der amerikanische Managementautor *Stephen R. Covey* machte aus dieser Idee später ein klares System, um Prioritäten sichtbar zu machen und geplant zu handeln, statt nur zu reagieren (Quelle: *Stephen R. Covey*, 1989, The 7 habits of highly effective people, Kapitel III). Auch er unterscheidet zwischen Dringlichkeit und Wichtigkeit von Zielen, Themen und Aufgaben:

- **Dringlichkeit**: Dringende Themen sind zeitkritisch. Sie müssen sofort bearbeitet werden, um negative Folgen zu vermeiden oder Chancen rechtzeitig zu nutzen.
- **Wichtigkeit**: Wichtig sind Aufgaben und Ziele, die für die Belegschaft, das Unternehmen oder den Betriebsrat viel bringen. Wir möchten, um das Arbeiten mit der Matrix zu vereinfachen, den Begriff Wichtigkeit durch Nutzen ersetzen. Wir beantworten also die Frage, welchen positiven Nutzen bringen die Ziele der Belegschaft, dem Unternehmen oder dem Betriebsrat?

Wir fassen **die beiden Begriffe in einer Matrix mit vier Feldern** zusammen (siehe Abbildung 19).

Abbildung 19: Modifizierte Eisenhower Matrix

Die Matrix teilt alle Ziele und Aufgaben in vier Bereiche ein, je nachdem, wie wichtig sie sind und welchen Nutzen sie bringen.
Ordnet einmal eure beendeten Betriebsratsaufgaben der letzten Monate ein. Wenn ihr die Aufgaben einordnet, kann es gut sein, dass sich viele Aufgaben im Rückblick in den Feldern dringend, aber geringer Nutzen wiederfinden. Falls das so ist, seid ihr mit diesem Problem definitiv nicht allein.
Gehen wir die vier Felder einmal im Detail durch:

- **Feld »hoher Nutzen und dringend«**
  Bei diesen Zielen und Aufgaben brennt es. Hier liegt das, was sofort angegangen werden muss, weil sonst Nachteile für Beschäftigte oder das Gremium entstehen. Der Nutzen oder der abzuwendende Schaden sind groß. Ein Beispiel könnte sein, dass der Arbeitgeber eine Umstrukturierung angekündigt hat. Euer Ziel ist es, die negativen Folgen für die Belegschaft abzuwenden. Ihr müsst also sofort handeln. Liegt eine Betriebsänderung vor? Muss ein Interessenausgleich verhandelt werden? Was genau wollen wir erreichen? Die Themen in diesem Feld dulden keinen Aufschub. Hier muss das Gremium schnell entscheiden und handeln. Diese Ziele und Aufgaben haben Priorität A: Sofort erledigen.
- **Feld »hoher Nutzen, aber nicht dringend«**
  Hier befinden sich die strategisch wichtigen Themen, die einen hohen Nutzen für die Belegschaft, das Unternehmen oder den Betriebsrat

bringen. Hier liegen die langfristig bedeutsamen Themen, die einen großen Unterschied machen. Bei diesen Themen und Zielen werdet ihr zum gestaltenden Betriebsrat. Ein Beispiel könnte der Aufbau eines strategischen Personalmarketings gemeinsam mit der Personalabteilung sein, um den demografischen Wandel mit Einstellungen zu bewältigen. Eine Rahmen-Betriebsvereinbarung zum Einsatz von Künstlicher Intelligenz würde auch in diese Gruppe fallen. Die Themen in diesem Feld werden oft verdrängt, weil dringende Themen lauter schreien. Die strategische Planung soll dafür sorgen, dass ihr frühzeitig Zeit für diese Themen und die damit verbundenen Maßnahmen einplant. Dies sorgt dafür, dass die Aufgaben im Feld »hoher Nutzen / dringend« langfristig weniger werden. Diese Ziele und Aufgaben haben Priorität B: Planen, vorbereiten, schrittweise umsetzen.

- **Feld »dringend, aber geringer Nutzen«**
  Man könnte sagen, diese Themen sind die Ablenkungen des Alltags. Sie haben nichts mit Zielen zu tun. Es sind Aufgaben, die sofort Aufmerksamkeit fordern, aber kaum strategische Bedeutung haben. Sie bringen auch keinen Nutzen, sondern halten euch nur von den wichtigen Themen ab. Oft sind es Themen, die jemand anders erledigen sollte. Beispielsweise Rückfragen zu Reisekosten oder Dienstplänen, die eigentlich die Personalabteilung oder die Vorgesetzten beantworten müssten oder für die eindeutige Regelungen bestehen. Diese Ziele und Aufgaben haben Priorität C: Delegieren an die Verantwortlichen, »Aussitzen«.
- **Feld »geringer Nutzen und auch nicht dringend«**
  Hier finden sich die stillen Zeitfresser. An dieser Stelle landet, was weder das Gremium noch die Beschäftigten wirklich voranbringt. Das sind oft Tätigkeiten, die zwar angenehm oder Routine sind, aber keinen Beitrag zu den Zielen leisten. Hier finden sich beispielsweise endlose Diskussionen über alte Themen, allerdings ohne Ergebnis. Ein neues Logo für das Trikot der Fußballmannschaft des Unternehmens zu entwerfen, kann eine angenehme, kreative Arbeit sein. Allerdings eine Arbeit mit geringem Nutzen. Solche Tätigkeiten darf man bewusst reduzieren. Zeit ist die knappste Ressource des Betriebsrats und sie gehört den wichtigen Dingen. Diese Ziele und Aufgaben haben Priorität D: Weglassen, Nein sagen.

Wie könnt ihr die Matrix praktisch nutzen? Hierzu benötigt ihr nur vier Schritte:

1. Themen/Ziele sammeln: Ihr notiert alle Ziele und auch alle laufenden, größeren Themen.

2. Bewerten auf Basis der Matrix und einordnen: Ihr fragt euch gemeinsam, ob es wichtig ist oder dringend.
3. Einordnen der Themen: Ihr ordnet die Themen in die Matrix ein. Jedes Thema kommt in eines der vier Felder.
4. Handeln:
   - Priorität A: Sofort erledigen.
   - Priorität B: Umsetzung planen und vorbereiten, schrittweise umsetzen.
   - Priorität C: Delegieren an die Verantwortlichen oder »Aussitzen«
   - Priorität D: Weglassen, Nein sagen.

So wird sichtbar, welche Themen wirklich Gestaltungskraft haben – und welche nur kurzfristig Energie binden. Auf diese Weise schafft ihr es, den Überblick zu behalten und die wirklich wichtigen Dinge umzusetzen. Ein konkretes Beispiel zur Nutzung der Matrix findet ihr in Abbildung 20.

Abbildung 20: Beispielhafter Einsatz der Matrix

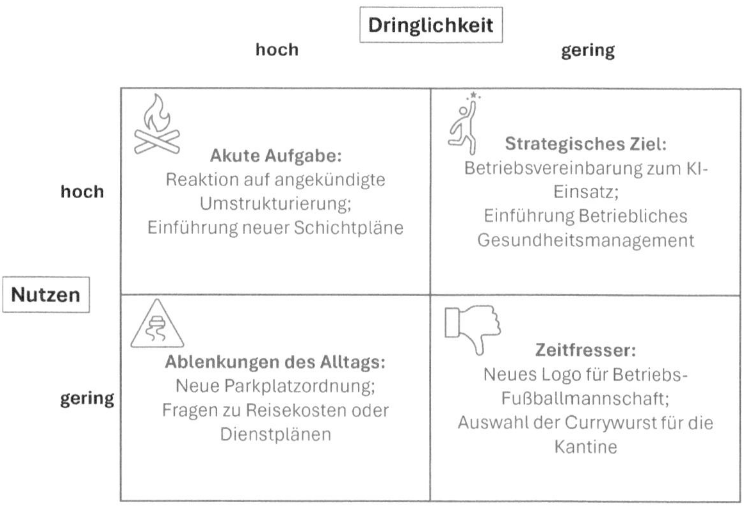

Zusammenfassung:
Die Matrix ist gerade für Betriebsräte Gold wert, da Betriebsratsarbeit vielseitig und oft fremdbestimmt wird. Große und kleine Themen landen auf der Agenda und alles scheint auf den ersten Blick wichtig.
Die Matrix zwingt dazu, kurz innezuhalten und zu fragen: »Dient das gerade unseren bzw. meinen Zielen oder ist es nur der nächste Feuerwehreinsatz?« Sie hilft, zwischen gesetzlicher Pflicht, betrieblicher Not-

wendigkeit, täglichem Kleinkram und wirklich strategischen Zielen zu unterscheiden. Als Planungsinstrument hilft sie euch, richtig zu priorisieren und eure Zeit sinnvoll einzusetzen.

6. Strategie festlegen

Nochmal zur Erinnerung: Ziele sind keine Strategie, sondern das, was ihr gemeinsam erreichen wollt.
Eine Strategie entsteht erst aus Zielen, wenn ihr konkrete Handlungen und Maßnahmen festlegt, um das Ziel zu erreichen. Nachdem ihr Ziele festgelegt und proirisiert habt, geht es nun darum ein detailliertes Handlungskonzept für die nächsten Jahre festzulegen.
Die dabei entstehende Strategie eures Betriebsratsgremiums ist ein langfristig angelegter Plan zur Vertretung der Interessen der Beschäftigten. Die Planung von konkreten Maßnahmen je Ziel ermöglicht es, die festgelegten Ziele zu erreichen. Bei der Planung wird die Zeit berücksichtigt, die ihr als Betriebsratsgremium einbringen könnt. Auch eure unterschiedlichen Fähigkeiten und euer Fachwissen fließen in die Planung der Umsetzung ein.
Als **Ergebnis dieser Arbeit** erhaltet ihr zwei, ganz unterschiedliche, Dokumentationen eures zukünftigen Vorgehens:

1. Ein Projektblatt, das den Weg zum Ziel detailliert beschreibt.
2. Einen Zeitstrahl, auf dem die Projekte für die nächsten Jahre eingeordnet werden.

Das **Projektblatt** hilft euch, das Projekt im Detail zu planen. Es enthält folgende Inhalte:

- Formulierung des Projektziels und des Nutzens:
  - Was soll erreicht werden?
  - Was hat sich geändert, wenn das Ziel erreicht ist?
    Für diese Themen könnt ihr auf eure smarte Zielformulierung zurückgreifen.
- Verantwortliche Personen festlegen
  - Projektleitung
  - Projektmitglieder
  - Unterstützung (bei Bedarf): Gewerkschaft, Rechtsanwalt
  - Ansprechpartner auf Unternehmensseite
- Teilaufgaben, um das Ziel zu erreichen
  - Was ist zu tun?
  - Wer tut es?
- Widerstände/Hürden
  - Welche Widerstände/Hürden können auftauchen?
  - Wie können diese überwunden werden?

- Zeitrahmen
  - Startzeitpunkt, auf Basis der Priorisierung festlegen
  - Dauer
  - Projektende, geplant

Gehen wir **das Vorgehen an einem konkreten Projekt** durch. Nehmen wir an, ihr habt beschlossen das **Projekt »Rahmen-Betriebsvereinbarung zum KI-Einsatz«** anzugehen. Hierbei handelt es sich um ein strategisches Ziel bzw. Projekt mit hohem Nutzen und geringer Dringlichkeit. Das Projekt muss also nicht sofort erledigt werden, sondern kann strukturiert über einen längeren Zeitraum bearbeitet werden.

- Formulierung des Projektziels und des Nutzens:
  - Was soll erreicht werden?
    Abschluss einer Rahmen-Betriebsvereinbarung zum Einsatz von KI.
  - Was hat sich geändert, wenn das Ziel erreicht ist?
    Der Betriebsrat wird bei der konkreten Planung und Einführung von KI-Systemen frühzeitig und strukturiert beteiligt.
- Verantwortliche Personen festlegen
  - Projektleitung: namentlich benennen
  - Projektmitglieder: namentlich benennen, bei Bedarf Aufgaben zuordnen (z. B. IT-Fragen, rechtliche Fragen).
  - Unterstützung (bei Bedarf): Gewerkschaft, Rechtsanwalt; je nach vorhandenem Fachwissen bei den Projektteammitgliedern muss Unterstützung angefordert werden
  - Ansprechpartner auf Unternehmensseite
  - namentlich benennen
- Teilaufgaben, um das Ziel zu erreichen (Was ist zu tun? Wer tut es?)
  - Inhalte der Betriebsvereinbarung festlegen z. B. (Verantwortlich: Kollege X)
    - Welche Themen sind mitbestimmungspflichtig?
    - Welche Auswertungen dürfen durchgeführt werden?
    - Welche Leistungs- und Verhaltenskontrollen sind möglich?
    - Wie und wann soll der Betriebsrat eingebunden werden (Unterrichtung, Beratung)?
  - Betriebsvereinbarungs-Entwurf formulieren
    (Verantwortlich: Kollegin Y mit Rechtsanwalt)
  - Thema beim Arbeitgeber anstoßen
    (Verantwortlich: Betriebsratsvorsitzende)
  - Verhandlungsstrategie festlegen
    (Verantwortlich: gesamtes Projektteam)

  - Betriebsvereinbarung verhandeln und abschließen (Verantwortlich: gesamtes Projektteam)
- Widerstände/Hürden
  (Verantwortlich: Gesamtes Projektteam; Welche Widerstände/Hürden können auftauchen? Wie können diese überwunden werden?)
  - Mangelndes Fachwissen zu KI => Beratung hinzuziehen
  - Mangelnde Bereitschaft des Arbeitgebers, den Betriebsrat einzubeziehen => Rechtliche Situation erläutern
  - …
- Zeitrahmen
  - Startzeitpunkt, auf Basis der Priorisierung festlegen:
    Beginn in Monat X
  - Dauer: 12 Monate
  - Projektende (geplant): Ende in Monat Y

Projektdatenblatt Strategie: Ziele und Maßnahmen

1. Name des Ziels

Name:

____

Datum/Version:

____

2. Projektziel & erwarteter Nutzen

Was soll erreicht werden?

____

____

Was hat sich geändert, wenn das Ziel erreicht ist?

____

____

3. Verantwortlichkeiten

Projektleitung	______________
Projektmitglieder	______________
	______________
Unterstützung (z. B. Gewerkschaft,	______________
Rechtsanwalt)	______________
Ansprechpartner Unternehmensseite	______________

4. Teilaufgaben zur Zielerreichung

Teilaufgabe	Beschreibung	Verantwortlich	Datum Schritte Endtermin

5. Zeitrahmen

Startzeitpunkt ______________________

Geplante Dauer ______________________

Projektende (geplant) ______________________

6. Kommentare/Notizen

____

____

Wenn für jedes Ziel ein Projektdatenblatt erstellt wurde, könnt ihr alle eure Ziele nach ihrer Priorisierung und dem notwendigen Zeitaufwand einordnen. Um einen Überblick über den gesamten Planungszeitraum (z. B. Wahlperiode des Betriebsrats) zu bekommen, werden die Projekte auf einem Zeitstrahl angeordnet. Dabei werden das Thema, die Projektlaufzeit und die Verantwortlichen aufgeschrieben.

Abbildung 21: Projektzeitstrahl

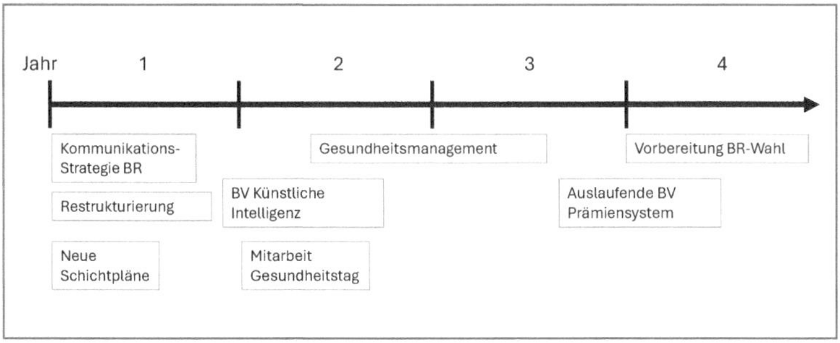

So bekommt ihr einen guten Überblick über alle Projekte und die eingebundenen Personen. Ihr könnt dann auf Basis dieser Übersicht noch einmal schauen, ob die einzelnen Projekte mit den eingebundenen Personen überhaupt möglich sind. Sollte es zu einer Überlastung einzelner Personen durch Überschneidungen kommen, könnt ihr die verantwortlichen Personen austauschen oder den Projektzeitraum ändern.

Geschafft!

Wenn ihr die beschriebenen Methoden nutzt, steht am Ende eine detailliert festgelegte Strategie für die Arbeit eures Gremiums in den nächsten Jahren. Diese Methodik und die Arbeit, die ihr gemeinsam erbringen müsst, sorgt dafür, dass ihr nicht nur reagiert, sondern gestaltet. Das Ergebnis ist für euch wie ein Kompass, der euch hilft, mit begrenzter Zeit maximale Wirkung zu erzielen.

Wenn ihr die Methode konsequent anwendet, schafft ihr Klarheit, stärkt eure Wirksamkeit und vermeidet Überforderung. Denn erfolgreiche Betriebsratsarbeit bedeutet nicht, alles gleichzeitig zu tun, sondern die wichtigen Themen mit großem Nutzen für die Belegschaft strukturiert zu bearbeiten.

Zusammenfassung:

Wir haben gemeinsam erarbeitet, wie ihr für eure Betriebsratsarbeit eine klare Richtung entwickeln könnt. Denn in einer Welt, die sich ständig verändert, reicht es nicht, nur auf Probleme zu reagieren. Wenn ihr nur reagiert, verliert ihr schnell den Blick für das, was wirklich wichtig ist. Die Strategie hilft euch, vorausschauend und wirkungsvoll zu handeln.

Das Unternehmen plant, wie es wirtschaftlich erfolgreich bleibt. Es legt fest, in welchen Märkten es aktiv sein will, welche Gewinne es anstrebt und wie es investieren möchte.
Eure Aufgabe als Betriebsrat ist eine andere: Ihr setzt euch für gute und sichere Arbeitsbedingungen, faire Bezahlung und die Weiterentwicklung der Beschäftigten ein. Eure Strategie ergänzt die Unternehmensstrategie. Sie sorgt dafür, dass die Interessen der Beschäftigten nicht untergehen. So tragt ihr als Betriebsratsgremium auch dazu bei, dass das Unternehmen langfristig stabil bleibt.
Eure **Vision** beschreibt in wenigen Sätzen das große, langfristige Ziel, das ihr gemeinsam erreichen wollt. Eure **Ziele** sagen, was ihr konkret schaffen wollt. Die **Strategie** zeigt, wie ihr dorthin kommt und welche Schritte, Maßnahmen und Zwischenziele notwendig sind.
Wenn ihr detailliert plant, wie ihr eure Ziele erreichen wollt, wird eure Arbeit klarer, strukturierter und nachvollziehbarer. Ihr könnt schon bei der Planung sehen, was funktioniert und könnt Erfolge planen.
Eure **Ziele** entstehen dabei aus drei Quellen:

- Eurer **Vision** – also dem, was ihr langfristig erreichen wollt.
- Euren **Werten** – wie ihr im Gremium miteinander umgehen möchtet.
- Euren **Analysen** – also dem, was ihr über das Unternehmen, die Mitarbeitenden und das Umfeld herausgefunden habt.

Mit der **SWOT-Analyse** (Stärken, Schwächen, Chancen, Risiken) könnt ihr diese Erkenntnisse ordnen und Ziele formulieren. So erkennt ihr, wo Chancen liegen und wo Handlungsbedarf besteht.
Damit eure Ziele dann wirklich umsetzbar sind, nutzt die **SMART-Methode**. Diese Methode sorgt dafür, dass ihr euch nicht in vagen Wünschen verliert, sondern konkrete, erreichbare Ergebnisse formuliert. Das motiviert und macht eure Arbeit messbar.
Beim Priorisieren der erarbeiteten Ziele, hilft die **Eisenhower-Matrix**. Mit ihr könnt ihr erkennen, welche Themen wirklich zählen und welche nur Energie kosten.
Wenn die Ziele klar und priorisiert sind, entsteht daraus eure Strategie, also der langfristige, detaillierte Plan, wie ihr sie erreichen wollt. Dazu nutzt ihr zwei Werkzeuge:

- Projektblätter, auf denen ihr Ziel, Nutzen, Aufgaben, Verantwortliche, Hürden und Zeitrahmen festhaltet.
- Einen Zeitstrahl, der zeigt, wann welche Projekte umgesetzt werden sollen.

So behaltet ihr den Überblick und plant realistisch, ohne einzelne Betriebsratsmitglieder oder das Gremium zu überlasten.

Eine gute Strategie sorgt also dafür, dass ihr als Betriebsratsgremium nicht nur auf Probleme reagiert, sondern aktiv die Zukunft mitgestaltet. Sie gibt eurer Arbeit Richtung, Struktur und Wirkung.

C. Umsetzung der Betriebsratsstrategie

Nachdem ihr eure Strategie für die Arbeit in den kommenden Jahren entwickelt habt, kommt ihr in die Phase der Umsetzung. Hierbei ist es wichtig realistisch zu bleiben. Wenn ihr beispielsweise mehrere große Ziele herausgearbeitet habt, die ihr gerne angehen würdet, solltet ihr euch die Frage stellen, welche dieser Ziele ihr wann anpacken wollt bzw. könnt. Also die Fragen: »Was ist tatsächlich leistbar? Wie wäre der zeitliche und personelle Bedarf für jedes einzelne Projekt?«
Denn ihr habt neben den Projekten auch noch euer Tagesgeschäft zu erledigen.
Und natürlich kann es auch passieren, dass von außen größere und unvorhergesehene Aufgaben an euch herangetragen werden, die unaufschiebbar sind. In solch einem Fall müsstet ihr dann ein begonnenes Projekt auf Eis legen und dann stellt sich die Frage, welche Projekte genießen welchen Stellenwert, also welche Priorität?
Wir würden euch daher raten, eine **Priorisierung** eurer geplanten Projekte vorzunehmen.
Nehmen wir als **Beispiel die entwickelte Strategie der Abbildung 21** aus dem vorangegangenen Kapitel:
Ihr habt insgesamt acht Ziele/Themen erarbeitet, an denen ihr in der kommenden Wahlperiode arbeiten möchtet.
In einem ersten Schritt arbeitet ihr heraus, welches der Ziele für euch den höchsten Stellenwert hat. Welches eurer strategischen Ziele möchtet ihr als erstes angehen? Dieses Ziel erhält die Priorität 1. Danach legt ihr das zweitwichtigste Ziel fest usf.
Das Ergebnis könnte für unser Beispiel wie folgt aussehen:

Abbildung 22: Beispielhafte Priorisierung der strategischen Ziele

Projekt	Priorität	Geplante Dauer (in Monaten)	Projekt-leitung	Weitere Projekt-mitglieder aus dem BR
Neue Schicht-pläne	2	6	BR-Mitglied B	keine
BV Künstliche Intelligenz	5	12	BR-Vors.	2
Kommunikati-onsstrategie BR	1	14	BR-Vors.	3
Gesundheits-management	6	24	BR-Mitglied A.	2
Vorbereitung BR-Wahl	7	12	Stellv. BR-Vors.	3
Restrukturie-rung	8	10	Stellv. BR-Vors.	1–2
Mitarbeit Ge-sundheitstag	3	5	BR-Mitglied C	1
auslaufende BV Prämiensystem	4	10	BR-Mitglied D	1–2

Wie könntet ihr zu den Ergebnissen aus Abbildung 22 gekommen sein?
Die **Kommunikationsstrategie des Betriebsrats** hat die Priorität 1 erhalten, weil ihr während eurer letzten Betriebsratswahlkampagne aus dem Kreis der Beschäftigten immer mal wieder gespiegelt bekommen habt, dass den Beschäftigten nicht immer klar ist, was der Betriebsrat überhaupt so alles macht. Ihr wollt also unbedingt an eurer Kommunikation mit und zu den Beschäftigten arbeiten, um eure Arbeit transparenter darzustellen. Außerdem habt ihr das Ziel, eure Kommunikation auch auf moderne Füße zu stellen.
Die neuen **Schichtpläne** bekommen die Priorität 2, weil der Bedarf der Beschäftigten nach Schichtplänen, die auch Teilzeitbeschäftigung berücksichtigen stark gestiegen ist und das Unternehmen große Probleme hat, neue Fachkräfte für Schichtarbeit zu gewinnen. Viele Beschäftigte im Schichtdienst fällt dieser aus Altersgründen immer schwerer und die

Bedürfnisse nach Vereinbarkeit von Familie und Beruf oder Familie und Pflege sind aktuell kaum mit der Schichtarbeit vereinbar.

Die Mitarbeit beim jährlich stattfindenden **Gesundheitstag** bekommt die Priorität 3. Hier handelt es sich um ein zeitlich kürzeres Projekt, das von zwei Betriebsratsmitgliedern ohne allzu großen Arbeitsaufwand bearbeitet werden kann. Also ein Projekt, das gut zeitgleich mit einem anderen Projekt durchgeführt werden könnte.

Die auslaufende **Betriebsvereinbarung Prämiensystem** bekommt die Priorität 4, weil die Vereinbarung erst in 2 ½ Jahren ausläuft und noch ausreichend Zeit ist, sich in Ruhe auf dieses Projekt vorzubereiten, bevor der Startschuss fällt.

Die **Betriebsvereinbarung zum Einsatz Künstlicher Intelligenz** hat Priorität 5 erhalten. Hintergrund ist, dass ihr bei der kürzlich eingeführten HR-Software, die KI in der Bewerberauswahl nutzt, von der Geschäftsführung frühzeitig informiert und eingebunden wurdet. Für zukünftige Projekte möchtet ihr jedoch verbindliche Regelungen festlegen, um wiederkehrende Diskussionen zu vermeiden und klare Rahmenbedingungen zu schaffen.

Das Thema **Gesundheitsmanagement** hat die Priorität 6 erhalten. Zwar habt ihr bereits viele Regelungen im Unternehmen etabliert, möchtet jedoch das gesamte bestehende Konzept grundlegend überprüfen. Dazu gehört auch, über eine Mitarbeiterbefragung zusätzliche Bedarfe zu ermitteln, alle Ergebnisse zusammenzuführen und anschließend die vorhandenen Betriebsvereinbarungen zu überarbeiten, zu aktualisieren und gegebenenfalls zu bündeln. Da dieses Projekt einen längeren Zeitraum beansprucht und aktuell nicht dringend ist, wurde es niedriger priorisiert.

Die **Betriebsratswahlen** liegen gerade hinter euch, sodass bis zum Start des Projekts drei Jahre bis zur nächsten Wahl bleiben. Daher wurde dieses strategische Ziel mit der Priorität 7 eingestuft.

Das Thema **Restrukturierung** bekommt die Priorität 8. Da euer Unternehmen gerade erst eine Restrukturierung mit einer Umstellung der Produktion und Optimierung der Lieferkette abgeschlossen hat, geht ihr davon aus, dass so bald keine weitere Restrukturierung ansteht.

Im nächsten Schritt sollte geprüft werden, ob es realistisch ist, mehrere Projekte parallel zu bearbeiten:

Für die Projekte **Kommunikationsstrategie des Betriebsrats und Betriebsvereinbarung Künstliche Intelligenz** habt ihr jeweils die bzw. den Betriebsratsvorsitzenden als potenzielle Projektleitung vorgesehen. Zwei Projekte zusätzlich zum Vorsitz zu leiten, wäre sehr anspruchsvoll. Da diese beiden Projekte jedoch die Prioritäten 1 und 5 haben und klar voneinander getrennt sind, lässt sich das gut lösen: Sie können mit einem zeitlichen Abstand nacheinander durchgeführt werden, sodass keine

Überlastung entsteht. Ihr solltet also jedes geplante Projekt überprüfen, ob es zeitgleich mit anderen Projekten durchgeführt werden kann oder erst nach Abschluss vorheriger Projekte, um sicherzustellen, dass die eingebundenen Betriebsratsmitglieder diese Arbeit zusätzlich leisten können. Gehen wir einmal davon aus, ihr habt euch dafür entschieden, das **Projekt Kommunikationsstrategie des Betriebsrats** als erstes zu bearbeiten. Dann ist das ausgefüllte Projektblatt eure erste Arbeitsgrundlage. Da ihr eure Ziele in Projekten bearbeitet, solltet ihr die einzelnen Projektschritte, die wir euch nachfolgend erläutern, unbedingt berücksichtigen. Es ist zwar sehr verlockend, nach der Erarbeitung eurer Visionen und Ziele und den Ergebnissen des Projektblattes mit dem Projekt einfach loszulegen und zu schauen, wie es läuft. Allerdings ist die Gefahr groß, wichtige Dinge zu vergessen, wie beispielsweise Sachverständige rechtzeitig einzubinden, finanzielle Ressourcen zu planen usf. Daher empfehlen wir euch, in sehr konkreten kleinen Schritten vorzugehen. Natürlich kann es passieren, dass euch trotz bester Planung unvorhergesehene Ereignisse ereilen. Doch könnt ihr diese mit einer guten detaillierten **Projektplanung** stark eingrenzen und für alle Projektbeteiligten Planungssicherheit schaffen.

I. Die Projektplanung

Ein Projekt verläuft in verschiedenen **Phasen**. Das sind die im Projektdatenblatt auf der Seite 88 aufgeführten **Teilaufgaben**. In Abbildung 23 haben wir euch einen einfachen Phasenplan aufgezeigt.

Abbildung 23: Darstellung einer Projektphase

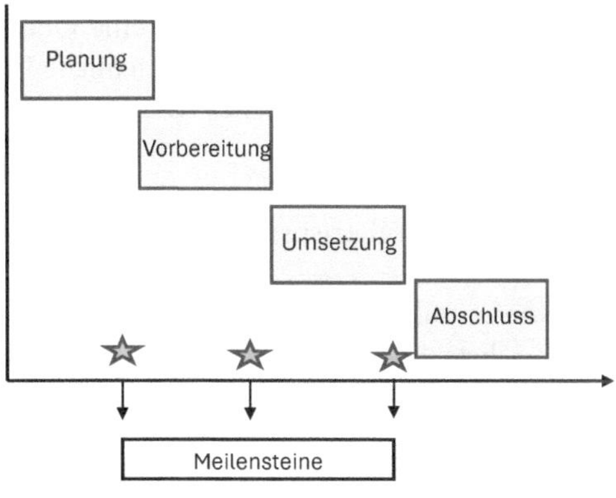

Jede einzelne Teilaufgabe wird in einer Projektphase dargestellt, in der bestimmte Aktivitäten durchgeführt und Ergebnisse erreicht werden sollen. Projektphasen sind zeitlich abgegrenzte Teilaufgaben eines Projekts. Die Ergebnisse, die erreicht werden sollen, stellen die **Meilensteine** dar. Sie sind sozusagen die Prüfpunkte, an denen ein Ergebnis oder Ziel, das erreicht werden soll, gemessen werden kann. Wird ein anvisierter Meilenstein nicht erreicht, muss nachgesteuert werden.
Damit immer für alle Projektmitglieder ersichtlich und nachvollziehbar ist, an welcher Stelle sich das Projekt befindet, solltet ihr einen **Projektstrukturplan** erstellen. In diesem Plan sind alle Teilaufgaben und Projektphasen aufgeführt mit den jeweiligen Aufgaben/Aktivitäten die zu erledigen sind (siehe Abbildung 24).

Abbildung 24: Projektstrukturplan

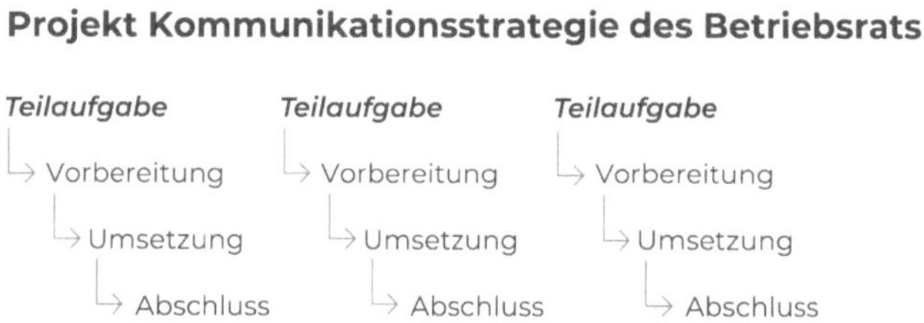

Die **Teilaufgaben am Beispiel des Projekts »Kommunikationsstrategie des Betriebsrats«** könnten sich folgendermaßen darstellen:

1. Teilaufgabe »Analyse neuer Kommunikationsstrukturen«

Vorbereitung:
- Ist-Stand erfassen
- mögliche neue Kommunikationswege sammeln
- Machbarkeit prüfen: Ist für die Umsetzung eine Qualifizierung erforderlich? Brauchen wir für die Umsetzung fachliche Unterstützung? Fallen Kosten an und wenn ja, in welcher Höhe?

Umsetzung:
- Ergebnisse auswerten
- Ergebnisse in der nächsten Betriebsratssitzung vorstellen, evtl. Ergebnisliste vervollständigen
- Katalog neuer Kommunikationswege erstellen
- Katalog in der nächsten Betriebsratssitzung vorstellen und evtl. um weitere Vorschläge ergänzen

2. Teilaufgabe »Beschäftigtenbefragung«
Vorbereitung:
Fragenkatalog entwerfen (analog und digital)
Umsetzung:
- Befragung durchführen
- Ergebnisse auswerten
- Ergebnisse analysieren (Welche Schlüsse ziehen wir daraus?)

Abschluss:
Prüfen, welche Vorschläge in die neue Kommunikation aufgenommen werden.

3. Teilaufgabe »Neue Kommunikationsstrategie entwickeln und erproben«
Vorbereitung:
- Konzept für neue Kommunikationsstrategie aus den Ergebnissen der vorherigen Teilaufgaben entwerfen.
- Zeitplan für Testphase festlegen.

Umsetzung:
- Neue Kommunikationsstrategie für einen festgelegten Zeitraum testen.
- Nach Ablauf des Testzeitraums Ergebnisse überprüfen.
- Konzept aufgrund der Ergebnisse anpassen, evtl. erweitern und falls erforderlich, Umsetzungsphase nochmals starten.

Abschluss:
Wenn endgültige Ergebnisse vorliegen, diese schriftlich festhalten und für die Zukunft nutzen.

4. Teilaufgabe »Neue Kommunikationsstrategie umsetzen«
Vorbereitung:
Endgültiges Konzept dokumentieren.
Umsetzung:
Über endgültiges Konzept auf Betriebsratssitzung abstimmen.
Abschluss:
Neue Strategie dauerhaft umsetzen = Projektabschluss.

II. Detailplanung mit den »Fünf-W-Fragen«

Wenn ihr eure Projekte so detailliert wie möglich und sicht- und prüfbar für alle planen und darstellen möchtet, dann empfehlen wir euch eine **Detailplanung in einer Matrix mit den »Fünf-W-Fragen«** anzulegen. Die Fünf-W stehen für: **Wer** macht **was** bis **wann**, **wie** und **warum**?

Mit dieser Methode werden die Aufgaben und Verantwortlichkeiten klar benannt. Damit könnt ihr schnell prüfen, ob ihr im Plan seid oder ob es irgendwo hakt und könnt schnell und effektiv gegensteuern.
Nehmen wir zur Veranschaulichung die Teilaufgaben unseres Projekts Kommunikationsstrategie des Betriebsrats. Bei diesem **Beispiel** können wir das »Warum« weglassen. Denn in allen Abschnitten wäre die Antwort: Erfüllung der Teilaufgabe.

Abbildung 25: Detailplanung der Analyse bisheriger und neuer Kommunikationsstrukturen

Teilaufgabe: Analyse bisheriger und neuer Kommunikationsstrukturen

Wer?	Was?	Wann?	Wie?
Jonas u. Peter	Ist-Stand und Vor- und Nachteile erfassen	6. KW	schriftl. auf einer Pinwand erstellen
Jonas	Ergebnisse in BR-Sitzg. vorstellen und mögl. neue Kommunikationswege sammeln	7. KW	auf bestehender Pinwand
Jonas u. Peter	Machbarkeit prüfen: Welche neuen Kommunikationswege kommen infrage? Brauchen wir Qualifizierung, fachliche Unterstützung von außen, fallen Kosten an und in welcher Höhe?	11. KW	schriftl. Erfassen und auf PowerPoint-Präsentation festhalten
Jonas u. Peter	Ergebnisse auswerten und auf BR-Sitzg. vorstellen und erste Vorauswahl treffen	15. KW	Vorstellung mit PowerPoint-Präsentation und festhalten der Diskussionsergebnisse

Abbildung 26: Detailplanung der Beschäftigtenbefragung

Teilaufgabe: Beschäftigtenbefragung

Wer?	Was?	Wann?	Wie?
Jonas u. Peter	Fragenkatalog entwerfen	16. KW	schriftl. in Word oder Excel
Jonas u. Peter	Ergebnisse in BR-Sitzg. vorstellen und evtl. ergänzen	17. KW	In Word- oder Excel-Dokument
Inga (Kollegin IT-Abtlg.)	Dokument Beschäftigten-befragung erstellen	20. KW	Mit Tool Canvas für digitale Befragung und Druck auf DIN-A-5-Format, einfach geheftet
Jonas u. Peter	Beschäftigtenbefragung auf BR-Versammlung und Hintergrund vorstellen und anschl. durchführen	22.-26. KW	Mit PowerPoint-Präsentation
Jonas u. Peter	Ergebnisse auswerten, analysieren, auf BR-Sitzg. vorstellen u. diskutieren	27.-33. KW	Mit PowerPoint-Präsentation

Meilenstein: Beschäftigtenbefragung durchgeführt

Abbildung 27: Detailplanung der Entwicklung und Erprobung einer neuen Kommunikationsstrategie

Teilaufgabe: Neue Kommunikationsstrategie entwickeln und erproben

Wer?	Was?	Wann?	Wie?
Jonas u. Peter	Konzept für neue Kommunikations-strategie entwickeln	36 KW	schriftl. in Word oder Excel
Jonas u. Peter	Ergebnisse in BR-Sitzg. vorstellen und evtl. ergänzen	37. KW	In Word- oder Excel-Dokument
Inga (Kollegin IT-Abtlg.)	Zeitplan für Testphase und Umsetzung entwerfen und auf Betriebsversammlung vorstellen	40. KW	Mit PowerPoint-Präsentation
Jonas u. Peter	Evtl. erforderl. Schulungen umsetzen	37.-40. KW	abhängig von Schulungsformat

Testphase: 3 Monate

Wer?	Was?	Wann?	Wie?
Jonas u. Peter	nach Abschluss der Testphase Ergebnisse auswerten und auf BR-Sitzung diskutieren	10. KW	Darstellung mit PowerPoint-Präsentation

Meilenstein: Testphase abgeschlossen

Abbildung 28: Detailplanung der Umsetzung einer neuen Kommunikationsstrategie

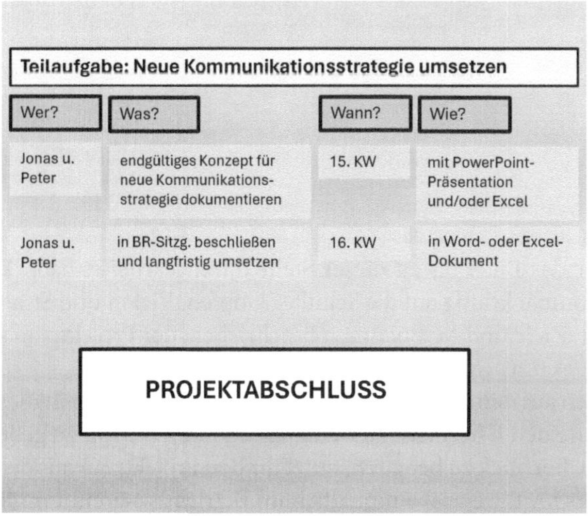

Mit dieser Detailplanung könnt ihr jederzeit überprüfen, ob ihr im Plan seid und entsprechend gegensteuern, wenn etwas nicht mehr passt.
Wir empfehlen euch, für jedes einzelne Projekt solch eine Detailplanung zu erstellen. Damit minimiert ihr die Gefahr, euch zu verzetteln oder wichtige Teilaufgaben aus den Augen zu verlieren.

D. Langfristiger Erfolg

Wenn ihr das Buch bis zu dieser Stelle durchgearbeitet habt, könnt ihr euch schonmal kräftig auf die Schulter klopfen. Vision und Strategie sind festgelegt, Ziele und Maßnahmen beschrieben, der Projektplan steht. Jetzt geht es ums »Machen«. Ausdauer ist gefragt.

Wir wollen auf den nächsten Seiten Hilfe bereitstellen, um in dieser wichtigen Phase den **Überblick zu behalten** und **Motivation** zu geben.

Um den **Überblick** zu behalten, nutzt ihr den Projektplan aus dem letzten Kapitel. Es hilft, wenn ihr monatlich im Betriebsratsgremium die einzelnen Maßnahmen besprecht und gemeinsam schaut, was schon erledigt ist. Hierzu empfiehlt sich ein fester Termin, wie z. B. die erste Betriebsratssitzung im Monat. In diesem Termin können die Verantwortlichen kurz berichten, wie sie mit der Umsetzung vorankommen. Fokussiert euch dabei auf die umgesetzten Themen und feiert die Erfolge. So wird die **Motivation** hochgehalten.

Als Übersicht bietet sich ein **Chart** an, das euch einen Überblick gibt. Es sollte enthalten:

- Ziel
- Maßnahme
- Verantwortlichkeit
- Umsetzungsstand

Abbildung 29: Beispiel-Chart Ziel- Maßnahme - Umsetzung

Ziel	Maßnahme	Verantwortlich	Umsetzung
Dialog mit den Beschäftigten	Sprechstunden einführen	Schneider	100 %
Gestaltung Transformation	Transformationsprozesse definieren	Yilmaz	80 %
Gesundheitsmanagement	Gespräch mit Betriebskrankenkasse	Becker	0 %
lebenslanges Lernen	Entwurf Betriebsvereinbarung	Klose	70 %

Was tun, wenn es nicht voran geht?

Ihr werdet auch feststellen, dass es bei einigen Maßnahmen und Aktionen nicht so läuft wie geplant. Das ist ganz normal. In diesem Fall hilft eine **Analyse der Ursachen** nach einem einfachen **Schema: Mensch, Vorgehen, Umfeld**.

Im ersten Schritt »**Mensch**« redet ihr offen mit der Kollegin oder dem Kollegen darüber, wo die Probleme gesehen werden. Wichtig ist, dass es ein Gespräch auf Augenhöhe ist; also keine Vorwürfe und keine Anklage. Vielmehr geht es darum, ob zu wenig Zeit für die Bearbeitung des Themas da ist oder es inhaltliche Hürden gibt. Beispielsweise kann es bei einer geplanten Erstellung eines Konzepts zum Gesundheitsmanagement an Fachwissen fehlen. Falls dies so ist, müsst ihr eine gemeinsame Lösung finden und unterstützen. Hier könnte eine externe Unterstützung durch Gewerkschaft oder die Betriebskrankenkasse helfen oder der Kontakt zu Betriebsräten in Betrieben, die schon ein Gesundheitsmanagement haben. Der bearbeitende Kollege könnte auch zeitlich überfordert sein. In diesem Fall kann Unterstützung bei Organisation und Zeitmanagement Hilfe bieten.

Das geplante **Vorgehen** kann ebenfalls zu Verzögerungen führen. Einige Beispiele: Möglicherweise muss bei einer geplanten Betriebsvereinbarung die Verhandlungsstrategie angepasst werden, weil der Arbeitgeber die Verhandlungen verschleppt. Auch kann eine geplante Sprechstunde für die Belegschaft nicht angenommen werden, weil die Mitarbeitenden nach der Schicht nach Hause wollen. Dann muss das Konzept überarbeitet werden.

Bei Hürden durch das **Umfeld** wurden vielleicht die Rahmenbedingungen falsch eingeschätzt. Bei Ideen für ein neues Prämiensystem spielt möglicherweise die wirtschaftliche Lage des Unternehmens nicht mit.

Hier könntet ihr beispielsweis das Hauptargument auf die Vorteile für das Unternehmen legen, also auf die gesteigerte Motivation und das dadurch bessere Ergebnis des Unternehmens.
Wichtig ist, dass ihr die Maßnahmen und Ziele nicht leichtfertig aufgebt, wenn es zu Problemen kommt. Stattdessen sucht gemeinsam und gezielt nach anderen Lösungen.
Durch die monatliche Bewertung der Themen, solltet ihr eine gute Übersicht über den Stand der einzelnen Ziele und Maßnahmen haben.
Darüber hinaus empfehlen wir einen jährlich stattfindenden **Workshop** um die Strategie und die Prioritäten der offenen Maßnahmen zu überprüfen.
Hier ein **Fragenkatalog für den jährlichen Strategieworkshop**:

- Welche Ziele sind erreicht?
- Welche Ziele und Maßnahmen sind noch offen?
- Was hat bei der Umsetzung gut funktioniert und was können wir daraus lernen?
- Welche großen Hindernisse gibt es und wie können sie überwunden werden?
- Haben sich die Prioritäten der Ziele und Maßnahmen geändert?
- Gibt es neue Themen, die bearbeitet werden müssen?

Am Ende des Workshops steht die Frage: »Haben sich Rahmenbedingungen so geändert, dass wir die Strategie anpassen müssen?«
Nochmal zur Erinnerung: Eure Strategie hat eine langfristige Ausrichtung. Aus diesem Grund sollte die Strategie oder sollten Teile von ihr nur angepasst werden, wenn sich die Rahmenbedingungen in der Wirtschaft, Gesellschaft oder im Unternehmen deutlich geändert haben.
Abschließend: Auch für den jährlichen Workshop gilt es, den Fokus auf die erreichten Ziele und Verbesserungen zu legen. Genießt und feiert eure Erfolge!

E. Ausblick

Wir hoffen, dass euch unser Arbeitsbuch eine praxisnahe und alltagstaugliche Unterstützung bietet – ein Werkzeug, mit dem ihr eure Betriebsratsarbeit klar strukturiert, gut organisiert und erfolgreich umsetzen könnt.
Zum Abschluss möchten wir euch noch einen Gedanken mitgeben: Ihr kennt sicher den Spruch »**Tue Gutes und rede darüber!**« Genau das gilt auch für eure Arbeit als Betriebsrat.
Mit dem Arbeitsbuch habt ihr viele Möglichkeiten an der Hand, eure Aufgaben systematisch zu planen, zu dokumentieren und sichtbar zu machen. Nutzt diese Strukturen bewusst – nicht nur für eure interne Organisation, sondern auch, um eure Arbeit für die Beschäftigten greifbar und nachvollziehbar zu machen.
So schafft ihr einen kontinuierlichen Austausch, gebt euren Beschäftigten die Chance, sich einzubringen, und zeigt transparent, an welchen Themen ihr gerade arbeitet und welche Ziele ihr verfolgt.
Eure Arbeit ist wertvoll – macht sie sichtbar.

Literaturverzeichnis

Bea, Franz Xaver/Haas, Jürgen: Strategisches Management. 10. Aufl., UVK Verlag, 2019

Corsten, Daniel/Gabriel, Christoph: Supply Chain Management erfolgreich umsetzen. 2. Aufl., Springer Verlag, 2004

Covey, Stephen R.: The 7 habits of highly effective people. Simon & Schuster, New York, 1989

Doran, G. T.: There's a S.M.A.R.T. Way to Write Management's Goals and Objectives. Management Review, 70 (11), 1981

Gesamtverband der Versicherer: Statistiken zur Deutschen Versicherungswirtschaft. September 2024

Hungenberg, Harald: Strategisches Management in Unternehmen. 8. Aufl., Springer Gabler Verlag, 2014

Kamis, Alcay/Tribler, Henrik: Workbook Strategisches Management. Schäfer-Poeschel-Verlag für Wirtschaft-Steuern-Recht GmbH, 2022

Lombriser, Abplanalp: Strategisches Management. 8. Aufl., Versus Verlag, 2024

Porter, Michael E.: Wettbewerbsstrategie. Methoden zur Analyse von Branchen und Konkurrenten. 12. Aufl., Campus Verlag, 2013

Schawel, Christian/Billing, Fabian: Top 100 Management Tools. 6. Aufl., Springer Gabler-Verlag, 2018

Thommen, Jean-Paul/Achleitner, Ann-Kristin/Gilbert, Dirk Ulrich/Hachmeister, Dirk/Jarchow, Svenja/Kaiser, Gernot: Allgemeine Betriebswirtschaftslehre. 9. Aufl., Springer Gabler Verlag, 2020

Welge, Martin K./Al-Laham, Andreas/Eulerich, Marc: Strategisches Management. 7. Aufl., Springer Gabler Verlag, 2017

Internet-Qellen:

Index-Research: *https://research.index.de*

Meyer, Christian H.: www.christianhmeyer.de

Speth, Christoph: Die SWOT-Analyse, Business, *www.perlego.com/publisher/2/50minutescom*
Verband der Vereine Creditreform e. V.: www.creditreform.de

Stichwortverzeichnis

Kompetenz verbindet

Beate Schwartau

Betriebsratsarbeit gut organisiert

Zeitmanagement – Sozialkompetenz – Öffentlichkeitsarbeit
2., überarbeitete und aktualisierte Auflage
2026. 270 Seiten, kartoniert
€ 35,-
ISBN 978-3-7663-7513-1

Neben fachlichem Wissen sind bei der Gremienarbeit auch »Soft Skills« gefragt, die für den Umgang mit den Kolleginnen und Kollegen unerlässlich sind. Dieser Ratgeber zeigt, welche faktischen Grundlagen und sozialen Kompetenzen im Betriebsrat gefragt sind, wie diese erlernt werden können und wie die Arbeit im Team gelingt. An zahlreichen Beispielen, Checklisten und Praxistipps gibt die Autorin Impulse für eine erfolgreiche Betriebsratsarbeit.

Schwerpunkte der 2. Auflage:
- Digitale Betriebsratsarbeit
- Anforderungen an Geheimhaltungspflicht und Datenschutz
- Einbeziehung der Beschäftigten in die Betriebsratsarbeit
- Nachfolgemanagement im Betriebsrat

Aus dem Inhalt:
- Soziale Kompetenzen und Teamarbeit
- Arbeitsorganisation und Projektarbeit
- Selbstmanagement und Sozialtechniken
- Informations-, Zeit- und Konfliktmanagement
- Öffentlichkeitsarbeit des Betriebsrats
- Vereinbarkeit von Familie, Beruf und Betriebsratsarbeit

Bund-Verlag